信

中华民族优秀传统文化故事读本

叶宏奇 熊联菊 ◎ 编著

立天之道，曰阴与阳；立地之道，曰柔与刚；立人之道，曰仁与义……礼者，所以行之而备其条理；智者，所以知之；信者，所以守之；而所行、所知、所守，则伪不外乎仁义……

中国农业科学技术出版社

图书在版编目（CIP）数据

中华民族优秀传统文化故事读本. 信 / 叶宏奇，熊联菊编著. —北京：中国农业科学技术出版社，2017.1（2021.9重印）
ISBN 978-7-5116-2671-4

Ⅰ. ①中⋯　Ⅱ. ①叶⋯②熊⋯　Ⅲ. ①品德教育—中国—通俗读物　Ⅳ. ①D648-49

中国版本图书馆CIP数据核字（2016）第162656号

责任编辑　穆玉红
责任校对　贾海霞

出　版	中国农业科学技术出版社
	北京市中关村南大街12号　邮编：100081
电　话	（010）82106626（编辑室）
	（010）82109702（发行部）　（010）82109709（读者服务部）
传　真	（010）82106626
网　址	http://www.castp.cn
经　销	各地新华书店
印　刷	北京富泰印刷有限责任公司
开　本	710 mm×1000 mm　1/16
印　张	6.75
字　数	150千字
版　次	2017年1月第1版　2021年9月第4次印刷
定　价	28.00元

版权所有·翻印必究

编著编委会

主　　　任：叶宏奇　熊联菊
副 主 任：董海霞　穆玉红
参与编写人员：董海霞　花　辉　刘　静　穆玉红　倪书刚　宋春艳　田苹苹
　　　　　　　　王　梅　王培胜　武丽丽　熊联菊　许瑞丽　叶宏奇　赵　伟

前 言

国无德不兴，人无德不立。中华民族传统美德，经过了历代劳动人民的精神沉淀和提炼，植根于儒家理念基础，和天地有机有序结合，在顺应自然和人文发展规律的前提下，逐渐发展成为以"仁、义、礼、智、信"为最基本道德规范、民族特色鲜明的传统文化体系，其是人类进行物质生产活动和自身生存发展的客观要求，也是人们共同生活的基本的行为准则，它是人类社会道德关系的具有科学性的优秀遗产。

"仁、义、礼、智、信"是中国社会传统文化和思想体系建设宝库中极其珍贵的财产，是道德教育和行为规范的典范。在社会民众心理上，其有着无可替代的对于共同道德信念的权威感和归属感。虽然在漫长的封建统治过程中不可避免的为部分封建思想糟粕所渲染，但是经过提炼和甄选，其中绝大部分内容在当今社会仍具有普泛的意义和价值。当下，我们的传统文化体系和道德标准范畴不断被挑战和冲击，甚至有的媒体"娱乐至上"，为了博人眼球不惜篡改历史、扭曲人物形象，在青少年群体中间造成了恶劣的影响。开放的中国需要自己的文化自信，树立道德标准和典范，也是当下时代所需要的一种文化导向和社会责任。

习近平总书记指出："中华文明绵延数千年，有其独特的价值体系。中华优秀传统文化已经成为中华民族的基因，植根在中国人内心，潜移默化影响着中国人的思想方式和行为方式。今天，我们提倡和弘扬社会主义核心价值观，必须从中汲取丰富营养，否则就不会有生命力和影响力。""要利用好中华优秀传统文化蕴含的丰富的思想道德资源，使其成为涵养社会主义核心价值观的重要源泉。"

不忘根本才能开辟未来，善于继承才能更好创新。本书通过对以"仁、义、礼、智、信"为主线所凝聚的传统文化和故事进行创造性转化、创新性发展，以典型优秀品质为发散点，通过对相关的文化背景、基础知识进行串联普及、发掘、阐释和延伸，读故事，学礼仪、学知识、教化育人。在当代中国社会道德文明和核心价值观的建构过程中，借用"仁、义、礼、智、信"的形式，引导青少年树立和坚持正确的历史观、民族观、国家观、文化观，增强做中国人的骨气和底气。

目录 | CONTENTS

文字渊源

- 敢讲真话的晏殊 / 001
- 立木为信 / 002
- 周幽王烽火戏诸侯 / 003
- 查道吃枣留钱 / 004
- 完璧归赵 / 005
- 曹操守信 / 008
- 司马迁忍辱写史记 / 011
- 獐狮传说 / 014
- 皇甫绩守信求责 / 016
- 周成王封地 / 018
- 司马光卖马 / 020
- 陈君贤拾金 / 022
- 嵇康绝交托孤 / 024
- 鲁肃替诸葛亮保密 / 026
- 曾子杀猪 / 028
- 王拱辰辞状元 / 029

- 周举"忘恩负义" / 031
- 以心为据 / 034
- 吕元膺以信辨忠奸 / 036
- 曹操跟关羽约法三章 / 038
- 齐桓公成就"春秋五霸" / 041
- 郭伋童叟无欺 / 043
- 霍光辅政 / 045
- 季札挂剑 / 048
- 乳母护幼主 / 050
- 海通剜目护佛 / 052
- 情同朱张 / 055
- 棺材藏银 / 057
- 梁国志教子 / 059
- 太史冒死直书 / 061
- 四知堂由来 / 063
- 明山宾卖牛退钱 / 064
- 自助米店 / 065
- 唐太宗弑兄篡位 / 067
- 常何不贪功 / 069
- 铃医的华丽转身 / 071
- 陈策追骡子 / 073
- 刘廷士守信娶盲女 / 075

- 韩康卖药 /077
- 赵盾弑君 /078
- 强项令的硬脖子 /080
- 与诚实相伴 /082
- 宋弘不弃糠糟之妻 /084
- 刘若宰诚实获状元 /086
- 谢安拒绝人云亦云 /088
- 郭进守信 /090
- 刘伯温退隐乡野 /091
- 俞绘还钱 /093
- 不拐弯的高允 /095

文字溯源

　　孔子说:"人而无信,不知其可也"。

　　"信"是个多义字。其字义有诚实,不欺骗;不怀疑,认为可靠;崇奉;消息;函件;随便,放任等。在儒家伦理范畴中,"信"为诚实,讲信用,不虚伪,是个人道德修养的重要内容,是维护社会秩序架构的重要条件。儒家把"信"作为立身、立国、治国的根本,列入"五常"之中。《论语.学而》:"吾日三省吾身,为人谋而不忠乎? 与朋友交而不信乎? 传不习乎? ……信近于义,言可复也。"

　　信是"心、言、行"合一的整体。言不由衷不为信,言行不一不为信。只有心中之想,口中之说,行之所至统一,是为"信"也。

人无信不立

　　诚信是做人的根本,谎言说一千遍还是谎言,可以瞒住一时,但时间一长,终会被揭穿。世上,没有任何一个人愿意跟不讲信誉的人打交道,因为他无法确定你哪一句话是真的,相互间没有信任,缺乏安全感,更谈不上有所托付和合作共事。

家无信不睦

　　没有信任就会导致家庭成员之间互生猜疑,而长期猜疑又会导致情感疏远,把没有的事说成有,把针尖大的小事酿成大事,使本该温馨和美的家庭陷于争吵不休,甚至走向分道扬镳。

事无信不成

　　与人合作谋事,无论大小,都必须讲诚信。有的人喜欢耍小聪明,以为别人不知道,其实恰恰相反,有了第一次的教训,就不会有第二次合作。那些以假乱真,以次充好,坑蒙拐骗的行为,一旦被识破,就会遭到唾弃,惩罚,直至法律的制裁。

律无信不威

法律是治理国家最重要的工具，如果不讲诚信，在制定过程中违背客观公正原则，在执行过程中缺乏严肃公平，因人而异，区别对待，就会丧失威严，从而导致违法乱纪猖獗，社会陷于无序的混乱状态。

国无信不安

国家对内不讲诚信，老百姓就看不到希望，组织动员能力就会大幅下降，当困难和灾难来临的时候，就没有人愿意主动站出来分担。国家对外不讲诚信，就没有外交，没有朋友，就是孤家寡人，就会遭到攻击。

字形演变：

中华民族优秀传统
文化故事读本《信》

◎ 敢讲真话的晏殊

晏殊是北宋时期非常著名的词人，也是一位很有作为的政府官员，倡导教育改革，大办官学，为宋朝的科学文化发展培养了人才，作出了贡献。

晏殊从小聪明好学，博览群书，积累了很深厚的学问。十四岁时，家乡江西临川县就把他作为神童举荐给皇帝。时任皇帝赵恒是一位爱才惜才之人，不但召见了他，还破例安排他同全国各地选拔来的一千多名学子一起参加殿试。晏殊进入考场，发现试题是自己刚练习过的。如果揣着明白装糊涂，状元肯定十拿九稳，但他没有这样做，而是如实向皇帝做了汇报，请求改换别的试题。宋真宗十分赞赏晏殊品德诚实，赐给他"进士出身"，并授秘书省正字（古代一种官职）。宋朝经过太祖太宗两朝的励精图治，到真宗时期，社会经济文化进入繁荣盛世，一派国泰民安的祥和景象。每到节假日，京城大小官员或扶老携幼，或呼朋唤友，宝马香车到郊外踏青玩耍，组织各种雅聚。晏殊却从不参与，安安静静呆在家里苦读诗书，钻研业务，伺弄园圃。有人把情况报告了皇帝，他大为感动。

一天早朝，真宗宣布任命晏殊为辅佐太子读书的东宫官。群臣们疑惑不解，不明白他为何突然获得如此重要的岗位。真宗解释说："在大家纷纷结伴游玩享乐之时，只有他在闭门读书，如此自重谨慎，不是东宫官最合适的人选吗？"晏殊出列谢恩，然后如实说："皇上，其实我也想玩耍，也喜欢交际，只是家里贫穷，没有这个实力而已。"晏殊的真诚得到了宋真宗和同僚们的赞许，也为他后来在事业上的发展积累了人气。

信口开河

◎ 立木为信

商鞅所在的春秋战国时期，天下纷争，群雄并起，战事频发，各诸侯国虎视眈眈，互相吞并。地处今天陕西省的秦国，时任国君秦孝公是一个很有抱负的人，不安偏居一隅，一心想统一天下。作为同样有抱负的官员商鞅，也想大展宏图，通过强国富民，帮助秦孝公实现这一理想，两人不谋而合。为了树立威信，推进改革，商鞅下令在首都南门外立一根三丈长的木头，并告示百姓：谁能把这根木头搬到北门，赏黄金十两。来往行人纷纷驻足观望，却没有人相信会是真的。因为搬动一个根木头并不困难，怎么会得到如此高的赏赐呢？一连数日，看热闹的人很多，就没有一个动手的。商鞅于是将奖金提高到50两。终于有个汉子站出来决定试试，反正也不费什么事。他将木头扛到了北门。没想到商鞅当即兑现了诺言。围观群众热烈鼓掌。这事一传十十传百，很快传遍了全城，传遍了全国。老百姓都知道了商鞅的名字，也知道了他是一个说话算话的人。接下来，商鞅制定的新法在秦国得以顺利推行，成就了秦帝国的强盛。

点评

每一次社会变革都会遭遇各种各样的阻力。年轻有为的商鞅深知这一点，因此，取信于人，让人们相信你的为人，往往比相信你制定的政策更重要。

信口雌黄

◎ 周幽王烽火戏诸侯

周幽王是西周第十二任，也是最后一任国君。如果对他的履职情况进行考评的话，结果肯定是不称职的。周幽王贪婪腐败，沉迷声色，不问政事，喜欢跟奸佞小人打交道，一生干过不少蠢事。先是任用一肚子坏水的虢石父为卿士（相当于总理），引起朝野强烈不满。接着又一意孤行，不顾祖先立下的规矩，废黜王后申氏，立褒姒为王后，废黜太子姬宜臼，立褒姒所生之子姬伯服为太子。

最为荒唐的是，为了博得一向不苟言笑的褒姒一笑，他竟然拿军机大事开玩笑，玩了一把烽火戏诸侯的游戏：命令军队将都城附近20多座烽火台上的烽火点燃。烽火是古代紧急军情信号，只有在遭受外敌入侵，需要军队驰援时才能点燃。诸侯们见到烽火，立即集合部队，星夜兼程赶往京都。当将士们疲惫不堪，喘息未定，就传来这不过是幽王为了博得褒姒一笑玩的把戏时，无不痛心疾首，在心里暗骂幽王昏庸无道，愤然而去。褒姒看到诸侯们惊慌失措的样子，终于开心地笑了。公元前771年，也就是周幽王十一年，犬戎攻入西周都城镐京（今西安），当他再次点燃烽火时，诸侯们都按兵不动。犬戎军队如入无人之境，在骊山脚下将他处死，西周灭亡。

信手拈来

◎ 查道吃枣留钱

查道是北宋人，有一天，母亲给他收拾了许多礼品，让他去拜访一位远方的亲戚。

到了中午，查道和仆人又累又饿，想拿食物充饥时才发现，由于走得匆忙，竟忘记了带干粮和水。可是一路走来，根本就没有看见一家饭铺，连讨口水喝的人家也没有。仆人于是向查道建议说："少爷，我们何不把礼物打开看看，也许老太太在里面装了糕点水果，拿一些吃了，好有力气赶路。"查道说："那怎么行？这些礼物既然要送人，便是人家的东西了，怎么能偷吃呢？。"仆人说："老太太又没有写礼单，是多少他也不知道啊。"查道说："天知地知你知我知，做人要讲信用。"仆人见无法说服他，只好无奈地挑起礼物，饿着肚子继续赶路。

终于看到了一个枣园。成熟的枣子挂满枝头，从低矮的篱笆墙上伸出来，飘溢着诱人的清香，十分招人喜爱。查道和仆人停下来，绕着枣园寻找主人，希望能买些枣子吃。他们找遍了周围，又大声询问，也没看见枣园主人的踪影。查道想了想，让仆人去树上采来枣子，着实饱餐了一顿。此时已是下午时光，两人擦干净嘴角的果汁，准备继续赶路。临行前，查道拿出一串钱，挂在采摘过的枣树上。仆人很诧异地问："少爷，你何必这样认真呢？"查道说："枣子是人家的，吃了就该付账。"仆人说："这四周都没有人，说不定是一片野枣呢。再说，即便是有主人的枣园，他也不一定就看得见这被吃的枣和付的钱，假如被路人取走了，不也是白费苦心吗？"查道认真地说："诚实是做人的本分，为什么非要让人知道呢？"说完，他挂好钱，带着仆人重新上路。

信笔涂鸦

◎ 完璧归赵

完璧归赵不仅是个成语，还有一段曲折的故事。

先说这个"璧"的来历。相传由春秋时期，楚国有个叫卞和的人，善于辨别各种美玉。一天，他在荆山中发现了一块未经任何雕琢的璞玉。卞和捧着璞玉去见楚厉王，厉王命玉工查看，玉工说这只不过是一块石头。厉王大怒，以欺君之罪砍下了卞和的左脚。厉王死后，武王即位，卞和再次捧着璞玉去见武王，武王又命玉工查看，玉工仍然说只是一块普通的石头，卞和因此又失去了右脚。武王死后，文王即位，卞和抱着璞玉在荆山下哭了三天三夜，哭得流干了眼泪又流血。文王得知后派人询问愿因，卞和说："我并不是哭被砍去的双脚，而是哭宝玉被当成了石头，忠贞之人被当成了欺君之徒。"文王命人剖开璞玉，果然是件稀世之宝，便命名为和氏璧。

再说"归赵"。公元前283年，楚王将和氏玉璧作为提亲礼物送给赵国的赵惠文王。

秦国国君秦昭王听说赵惠文王得到了一块罕见的玉璧，心里很不是滋味，这么好的东西，怎么不是我的呢？岂有此理！当时的秦国，国力强盛，弱肉强食，咄咄逼人，历代国君也是翻手为云覆手为雨的家伙，在各诸侯国中名声很不好。所以，当他派遣使者送信给赵国，表示愿意用十五座城池来换取这块珍贵的"和氏璧"时，赵惠文王一点也不高兴。因为答应不答应，对赵国来说几乎都是一样的结果：肉包子打狗，有去无回。

就在赵惠文王一筹莫展的时候，大臣缪贤出班举荐说："臣推荐一人，他可能有办法。"赵王大喜过望问："谁？"缪贤说："此人叫蔺相如，是我的家臣，不仅有勇有谋，而且忠肝义胆。"赵惠文王立即召蔺相如上殿问话。蔺相如

不卑不亢说:"秦国强,赵国弱,不答应恐怕不行。"赵惠文王说:"这我知道。问题是我把和氏璧给他了,他又毁约不给我城,我们该怎么办?"蔺相如说:"秦国拿出十五座城来换一块璧玉,天下人都知道是个赔本的买卖,要是赵国不答应,天下人要耻笑赵国。大王把和氏璧送去,要是秦国不交出城池,那么秦国就要承担背信弃义的恶名。"赵惠文王说:"那就请先生去一趟秦国吧。"蔺相如说:"秦国交了城,我就把和氏璧给他留下;否则,我一定把璧完好地带回来。"

蔺相如带着和氏璧到了咸阳,呈给秦昭王。的确是块宝玉,他爱不释手,叫大臣们都来欣赏,却一字不提交城的事。蔺相如知道羊入狼口,要索回来不是件容易的事,于是急中生智,上前对秦昭王说:"这块璧虽说挺名贵,可也有瑕疵,不容易瞧出来,让我来指给大王看。"秦昭王正在兴头上,未及多想,就把和氏璧递给了蔺相如。

蔺相如拿到璧,后退几步,靠着宫殿上的一根大柱子,生气地说:"赵王诚心诚意派我把璧送来,可秦王你并没有交换的诚意。如今璧在我手里,大王要么交城,要么放我带着璧回去,不然,我把脑袋和这块璧一同在柱子上砸碎!"

秦昭王怕蔺相如真干出蠢事来,一边向他赔不是,一边命令大臣取来地图,把准备换给赵国的十五座城指给他看。蔺相如看出秦王是在耍花招,就说:"赵王送璧到秦国来之前,斋戒了五天,还在朝堂上举行了隆重的仪式。大王如果诚心换璧,也应当斋戒五天,举行受璧仪式。"

秦昭王答应了,吩咐人把蔺相如送到旅馆歇息,严密监视,不能让他跑了。

蔺相如回到旅馆,让随从扮成商人,带着璧偷偷从小道跑回了赵国。

过了五天,秦昭王召集大臣和别国在咸阳的使臣,准

备举行接受和氏璧的仪式。蔺相如说:"对不起,大王,我已经派人把璧送回赵国了。请治我罪吧。"秦昭王大发雷霆:"你们赵国怎么能干这种出尔反尔的事呢?"蔺相如镇静地说:"大王先别发怒,让我把话说完。天下诸侯都知道秦强赵弱。向来只有强国欺负弱国,没有弱国欺压强国的事情发生。大王如果诚心,请先把城池割让给赵国,然后派使者跟我一起去取璧。"秦昭王见阴谋被识破,既恼又恨。按照"不斩来使"的规定,只好放了蔺相如。

信誓旦旦

◎ 曹操守信

陈宫生于东汉末年，是个足智多谋，勇敢刚烈的人。从平定黄巾起义开始，就追随曹操，并在攻下兖州后力推曹操为兖州牧，深受曹操倚重，两人结下了深厚的友谊。在长期征战中，他对曹操大肆杀戮产生了反感，曾劝他以仁义宽怀之心对待那些与他为敌的人，曹操不以为意，嘲笑他是妇人之仁。当曹操杀害不把他放在眼里的社会贤达，曾任九江太守边让后，陈宫实在受不了啦，与曹操彻底摊牌，并游说张邈等投奔吕布帐下，决心死心塌地辅助吕布攻打曹操。

建安三年（公元198年），曹操率兵东征，攻克彭城，包围下邳。吕布被困在城里，如笼中困兽，几次突围冲撞都无功而返。

下邳城防坚固，易守难攻，曹军虽然锐气逼人，作战勇敢，但也只得了个屡攻屡败的结果。曹操见久攻不下，于是改变策略，给吕布写了一封劝降信，并作出保留吕布待遇，保证家眷安全等承诺。吕布看了信，打算投降，而陈宫等人自投奔吕布以来，一直与曹操为敌，知道曹操不会容纳自己，因此竭力反对投降。吕布是个没有主意的人，见部下如此坚决，也不好固执己见，就问陈宫有无退敌之策。陈宫苦思冥想一夜后，对吕布说："曹军远道而来，军粮补给肯定有困难，其攻势不可能持续很久。将军可带一部分兵力到城外驻扎，我带其余的人马在城内防守。这样，如果曹军进攻将军，我就可以从背后夹击；如果曹军攻城，将军又可以从城外接应。待曹军粮草耗尽，我们两面进攻，可获全胜。"

吕布见陈宫说得有理，准备采纳。然而，吕布老婆却不同意，她说："陈宫、高顺向来不和，将军一走，他们二人能同心协力共御曹军吗？万一有个差错，我们就真的毫无立锥之地了。更何况，陈宫是曹操的旧部，两人关系情同手足，常常抵足而眠，不分彼此，可他还是背叛了。事实上，将军待他并不比曹操待他好，难道他会没有感觉吗？现在却要把城池和妻儿交给他，万一再生变故，我们夫妻还能相见，你们父子还能团圆吗？"吕布耳根很软，加上本来就是个变色龙一样的家伙，犹豫一阵后，最终放弃了陈宫的计划。

曹操久攻下邳不下，军士疲惫不堪，渐渐动了撤军的念头。荀攸、郭嘉劝阻说："吕布虽然勇猛，但既无谋略又生性多疑，现在吃了几次败仗，锐气已经丧失得差不多了。陈宫虽然有智谋，但不一定能为吕布所用，况且从现在看，他也没有什么计策使出来。如果趁热打铁加紧进攻，吕布是不难打败的。"曹操觉得很有道理，于是抓紧战前动员，激励将士继续攻城。

吕布又坚持了一个多月，外无援兵，内缺粮草，军心动摇，越来越感到难以支撑，随即登上城楼，向曹军士兵喊话："请让明公出来讲话，我已经决定投降了。"陈宫站在一旁，气得浑身打哆嗦，大声嚷道："他算什么明公？现在就去投降，明显是往火炕里跳，哪还有性命可保？"决心率众将士与曹军血战到底。早有投降之意的副将宋宪、魏续不愿白白送死，趁陈宫不备，将他捆绑起来，押着出城投降了曹操。

吕布见大势已去，自己走下城楼，开城投降，束手就擒。

曹操见了陈宫问道："兄台平常自以为智谋过人，今天怎么弄成这样了？"陈宫瞪了吕布一眼说："只因为他不听我的话，以致弄到如此地步。"曹操又笑着问："你认为我该怎么处置你？"陈宫平静地回答说："我作为人臣却不忠，作为人子却不孝，理应绞死刑场。"曹操惋惜地说："死很

容易，可你年迈的老母怎么办？你的妻子和尚未成年的儿女又怎么办？"陈宫叹口气说："打算以孝治天下的人，是不会害死他人父母的；打算施仁政的人，是不会加害别人的妻子儿女的。"曹操听了，不再说话，两人在一起并肩厮杀打拼的往事宛如昨日。在他心里，陈宫实在是一位难得的人才，只因政见不一分道扬镳，杀还是不杀，他一时竟拿不定主意。陈宫见曹操没有动静，喊道："败军之将，理当处死！"说完头也不回往外走。曹操见状，只得抱拳说："既然你去意已决，我也不挽留了。看在我们曾经的兄弟情分上，你老母就是我母，我一定替你为她养老送终！"曹操流着眼泪为陈宫整理了一遍征衣，送他上路。

　　曹操始终没有忘记对陈宫许下的承诺，在繁忙的军务中将他老母接来奉养，无论战事多么紧张，他都要定期抽空去看望，陪老人家说说话，直到去世；其儿女长大后，又安排他们读书学习，为他们操办婚事，置办田产，让他们过上幸福生活。

偏信则暗

◎ 司马迁忍辱写史记

对司马迁以及他的著作《史记》，大家都耳熟能详，但对他在写作中所遭遇的种种非难，甚至屈辱，却不一定了解。

司马迁的祖上世代都在朝廷担任史官，父亲司马谈是西汉的太史令，去世三年后，三十八岁的司马迁在丞相的竭力举荐下，子承父业，当上了太史令。从此天天记录皇帝言行及天下大事。四十二岁那年，根据汉武帝的命令，开始着手写作《史记》。司马迁夜以继日，伏案查阅历代留下的文献资料，研究史实，把有疑问的史迹记录在案，广泛开展野外实地调查，进行反复考证，确保史料的真实性和准确性。

经过几年的辛苦，《史记》的初稿脱颖而出。司马迁把手稿呈给汉武帝，汉武帝为他高效的工作非常满意，但翻了几页眉头就皱起来了。原来司马迁在书稿中当仁不让，据实记录，直截了当地把汉武帝的错误行为，错误决策记录在案。汉武帝身边有个懿妃，深得宠爱，曾经想让司马迁为她写汉赋，以便为皇帝吟唱，讨皇帝欢心，但遭到了司马迁的拒绝。懿妃对此耿耿于怀，时常想找机会报复，这时便趁机火上浇油说："听说司马迁恃才自傲，自比圣人，根本不把陛下放在眼里。"汉武帝听了，更为光火，当即召集文武百官，要对司马迁兴师问罪。汉武帝将《史记》手稿递给大臣们传阅，希望大家共同声讨司马迁。然而，大臣们个个心知肚明，据实写史，是历代对史官的基本要求，也是史官必须具备的职业精神。但谁都不敢把话讲出来，朝堂陷入一片寂静，只有一位大臣因得过懿妃的好处而偶尔放一炮。过了约莫一个时辰，正直的老丞相出班跪地为司马迁求情，接着御史大夫也站出来为司马迁开

偏听偏信

脱。汉武帝明知司马迁没有错,无奈之下,只好从轻发落,让司马迁回去修改,找个台阶下去了。

不久,汉军北伐匈奴,大获全胜,班师回朝后,汉武帝吩咐司马迁将此事写入史书。司马迁调取了大量战报,在认真研读后发现,除了卫青英勇无敌,威震匈奴,战功赫赫外,李广同样威震敌胆,所向披靡,为汉军北伐匈奴成功立下了汗马功劳。司马迁未经请示,决定也为他立传。朋友善意地提醒他说:"你这样做,恐怕又要招来祸端。"司马迁说:"功过是非,都应该为后人立存照。皇上也有缺点和错误,何况李广?"在司马迁笔下,李广打仗退敌、佯死脱险、射虎等场景,都写得神采飞扬,字里行间流露出了他对这位英雄的崇敬和爱戴;同时也没回避李广心胸狭窄,公报私仇的毛病。朋友看后问司马迁:"你这样写李广,不是前后矛盾,有损他的形象吗?"司马迁说:"写史,真实是唯一的原则。不能以个人好恶而隐匿真相。"朋友点头称是。

过没多久,从边关传来快报:大臣李陵兵败被俘后投靠了匈奴。汉武帝震怒,下令诛杀李陵三族。有一武将冒死求情,也被武帝斩首。满朝文武百官见此,噤若寒蝉,再没有人站出来为李陵说话。汉武帝吩咐司马迁将此事写入史书,以警示后世。司马迁接到任务后,四处走访,知其为飞将军李广之孙,世代忠良,为汉室江山之栋梁。经过反复求证,司马迁写下了"身虽陷败彼,彼观其意,且欲得其当而报汉"等文字,为李陵辩护。

汉武帝看了司马迁的手稿,脸色骤然阴沉下来,心里暗想,这么说是我杀错了?这样传下去,后人岂不骂我昏聩无道,滥杀无辜吗?于是下令将司马迁投入大牢,定为死罪。老丞相知道这回马蜂窝捅大了,立即进朝向汉武帝请罪,要求与司马迁一起坐牢,理由是自己负有举荐之责。汉武帝明白他是在给自己上眼药,但看在老丞相一向忠心

兼听则明,偏信则暗

耿耿打理朝政的份上，只好做出让步，应允司马迁用钱财或宫刑替代死罪。老丞相把这个好消息告诉了司马迁，司马迁却苦笑着说："钱财——我家徒四壁；宫刑——士可杀不可辱，我还是等着被处死吧。"

这天夜里，司马迁辗转反侧，久久不能入睡。天快亮时，他迷迷糊糊地做了个梦，梦中父亲对他说："忍辱方能负重。我辈著史，只为传真相于后世。你如此撒手而去，谁人能担当著史之重任？"司马迁最终接受了宫刑，忍辱负重，发愤写作，终于完成了不朽的史学巨著——《史记》。

半信半疑

◎ 獐狮传说

神农尝百草，日遇七十二毒，为后人留下了《本草经》，开创了中医，延长了人类的寿命。獐狮立下了汗马功劳。

远古时期，百姓以采食野生瓜果，狩猎得来的禽兽，捕来的鱼为生，因为都是生吃，有的腐烂变质了还舍不得扔，根本没有卫生防疫的观念，经常有人因此中毒身亡，寿命很短。炎帝神农氏为"宣药疗疾"，救人性命，使百姓益寿延年，他跋山涉水，行遍三湘大地，尝遍百草，了解百草之平毒寒温。为此，他几乎尝遍所有植物，一次次中毒，又一次次苏醒。他的执着和爱心感动了上苍，于是派在昆仑山上修行的一只獐狮来帮助他。獐狮是一种很特别的动物，周身像水晶般透明，能吃百草和百虫，各种药物的药性都可以通过观察它吃后五脏六腑、经络的反应一目了然。有了獐狮的帮助，神农逐步找到了治疗各种疾病的药物，并把它记录下来。

一天，獐狮吃了巴豆，腹泻不止。神农把它放在一棵灌木下休息，过了一夜，獐狮奇迹般地康复了，原来它吸食了从树叶上滴落的露水。神农摘下一把树叶放进嘴里咀嚼，顿感神清气爽、甘润之气直下丹田。神农把灌木挖回去，教大家种植，就成了现在的茶树。在民间，至今还有这样的山歌在传唱："茶树本是神农栽，朵朵白花叶间开。栽时不畏云和雾，长时不怕风雨来。嫩叶做茶解百毒，每家每户都喜爱"。

有了獐狮的帮助，神农不仅尝百草，还开始用动物入药治病。一天，神农在山中发现了一条长着很多脚的黑虫，爬行缓慢，一遇外部攻击就蜷成一团，如果把它截成几段，各段照样能继续爬行。神农十分好奇，拣了一条放在手心把玩，并递给獐狮试服。獐狮闻了闻，龇了龇牙，不愿吞食。神农把它塞进獐狮的嘴里，獐狮小心翼翼地嚼了嚼，就迅速吐了出来。谁知这虫有剧毒，毒汁很快进入獐狮的肠胃，霎时间它全身发黑，口吐白沫，倒在地上。神农急忙拿出解药灵芝草喂它也无济于事。獐狮望着神农，落泪而亡。原来那黑虫是蜈蚣，生长时间越长，毒性越大。

后来，行医的人为了纪念獐狮帮神农尝百草，救天下苍生而亡，同时证明自己的药物货真价实，通常都要在柜台上放一尊獐狮的石雕，以彰明"药不过獐狮不灵"，也提醒世上行医的人，千万要讲诚信不可滥用错用药物！

◎ 皇甫绩守信求责

皇甫绩是隋朝开国皇帝杨坚的重要谋臣，是开国元勋级的人物。

皇甫绩三岁时父亲去世了，母亲就带着他回到外祖父家居住。外祖父韦孝宽是当地的一户大家，家里孩子多，就办了个私塾，请了先生住馆教书，皇甫绩和表兄们同在私塾里上学读书。

外祖父是个严厉的人，为了保证学习秩序效果，他立下了很多规矩，其中，无故不完成作业，打二十板子。

有一天上午课后，皇甫绩和表兄们一块下棋。由于一时贪玩，不知不觉到了下午上课的时间，先生要查作业，大家才发现都忘记做了。

外祖父知道后，狠狠地训斥了他们一顿，然后按照规矩，每人打二十大板子。

皇甫绩年龄最小，再加上又没有爸爸，外祖父不忍心打他，于是就慈祥地对他说："你还小，这次我就不罚你了。但是，以后不能再犯这样的错误了。温故知新，不做功课，学的知识就记不牢，就长不了本事。没有本事，将来长大了怎么办？"

皇甫绩的表兄们都很喜欢他，看到他没有挨打，都替他庆幸，可皇甫绩并不高兴。他想：我和哥哥们犯了同样的错误，外祖父没有责罚我，是心疼我。然而我自己不能放纵自己啊。

他找到表兄们，求他们责打自己二十板子。表兄们一听，都乐了。皇甫绩却一本正经地说："我们都保证过触犯规矩甘愿受罚，说话要算数。你们都受罚了，我也不能例外。"

表兄们被皇甫绩诚心改过的精神感动了，于是，就拿

威信扫地

出戒尺打了他二十板。

　　从此皇甫绩专心读书，以博学闻名天下，被鲁公宇文邕招为侍读。周武帝时，卫刺王发动宫廷政变，皇甫绩不顾个人安危，救护了太子，得到了周武帝的赏识和重用。周宣帝死后，外戚杨坚辅政，决断朝廷事务，皇甫绩成为重要谋臣，为隋朝的建立做出了重要贡献。

◎周成王封地

周成王是西周第二位国君，周武王姬发之子。在位21年，死后儿子周康王继位。在父子俩统治期间，社会安定、百姓和睦，号称四十年没使用过刑法，被史家誉为"成康之治"，是中国历史上的一代明君。

周武王去世的时候，周成王还是一个贪玩的孩子，朝政由叔父周公旦掌管。

有一天，年幼的成王跟弟弟叔虞在一棵梧桐树下捉迷藏，一阵秋风刮来，金黄的树叶纷纷扬扬落了一地。周成王觉得好玩，从地上捡起一片落叶，用小刀切成一个"圭"（圭是中国古代在祭祀、宴飨、丧葬以及征伐等活动中使用的器具，其使用的规定有严格的等级限制，以表明使用者的地位、身份、权力），并把它送给叔虞，开玩笑说："我要封给你一块土地，你就先拿着这个吧！"

叔虞十分高兴，拿着欣赏了半天，然后蹦蹦跳跳地跑开了，边跑边炫耀哥哥给他的"圭"。叔父周公旦碰到他，问他为何如此高兴，叔虞把"圭"在他面前晃了晃说："是哥哥做的，真漂亮了。哥哥还要封我一块地。"

周公旦认为是一个很好的教育幼主的时机，于是立即换上礼服，赶到宫中去跟周成王道喜。

看到周公旦如此庄重前来道喜，周成王摸不着头脑，莫名其妙地问："叔父，不知喜从何来啊？"

周公旦面带微笑，和蔼地解释说："我刚听说，你已经册封弟弟叔虞！这说明你已经长大懂事了，而且具有一颗仁爱之心。这不是大喜事吗？难道不值得庆贺吗？"

周成王想起刚才给弟弟做的玩具，以及那句随口说的话，不禁笑得前仰后合，觉得叔叔是在小题大做，把小孩玩耍的事也当真，便说："是这件事啊，我不过是和叔虞开玩笑的,并没有想真的册封他啊!"

周公旦则不这么看。他收起笑容,沉下脸来对周成王说:"不论是谁,说话做事都要以'信'为重,何况你贵为天子?如果天子说话都随随便便,跟开玩笑一样,口无遮掩,朝令夕改,怎么会赢得天下百姓的信赖呢?将来你的号令还有谁会听从呢?"

周成王感到十分惭愧,于是,立刻作出决定:册封叔虞于唐地(今陕西省内),成为后来晋国的始祖。

◎ 司马光卖马

司马光砸缸的故事大家都不陌生，说的是他从小就表现出了超人的智慧，其实司马光一生追求诚实做人的品质更值得学习。

司马光是北宋政治家、文学家、史学家，他主持编纂的《资治通鉴》，是中国文化宝库中璀璨夺目的瑰宝。司马光从小家庭教育十分严格。五六岁时，一次他想把胡桃皮去掉，反复几次都失败了，姐姐想帮他，也没成功。姐姐有事离开后，一位颇有生活经验的婢女，用热水浸泡法顺利将胡桃皮去掉。姐姐回来看见，很惊奇，就问他："是你做的吗？"他很得意，说"是"。没想到父亲魔高一尺，一眼就识破了真相，训斥说："小小年纪就说谎，长大了不知要干啥？"司马光被罚反省半天。他把这件事记录下来，随时警示自己，一直到老死。

司马光步入仕途后，反对王安石新政，并最终辞职隐居，生活过得很拮据，连一日三餐都成了问题。他只好叫管家把家里的一匹马牵去卖掉，换些粮钱度日。管家把马牵到集市上，一个老汉见了说："这匹马不错，就是老了些"。管家见老汉有买马的意思，就把马如何温顺，如何能干夸奖了一番。老汉摸了摸马的鬃毛，又看了看牙口，问要多少缗钱。管家说："五十缗。"两人一番讨价还价。当老汉得知原来是司马相公的坐骑后，决定买下这匹马。由于身上钱不够，两人约定第二天一早，还是老地方，一手交钱，一手交货。

管家回到家，如实向司马光报告了卖马的经过。司马光爱怜地抚摸着这匹陪伴自己多年的马，实在不忍心它离开，可又没有办法。他将脸贴在马脸上摩挲着，像是在给它传达感激，更像是在割断那份眷眷的依恋。

果于自信

突然，他掉头对管家说："差点误事了，这马是有病的。"

管家说："我知道，所以明天清早，我要把它洗刷得干干净净，这样买主看了就不会怀疑了。"

司马光阻止说："不，不能这样。你必须如实告诉买主，它有肺病！"

管家说："这样恐怕人家就不会再买了。"

司马光说："说清楚是我们的事，买不买是别人的事。如果我们隐瞒事实，即使卖了，我心里也不会安心！"

第二天，管家把马牵到市场，如实向老汉说明情况，并特别强调是司马相公交代的，不能让他蒙在鼓里，吃亏上当。老头听了很感动。周围的人听了，也很感慨，纷纷赞扬司马光为人诚实、品德高尚。

民保于信

◎ 陈君贤拾金

东汉明帝时期（公元28年—公元75年），安徽庐州府有一个人叫陈君贤，儿子叫陈爵，时年十二岁，经常跟同村伙伴陈挺在一起玩耍。

一天，两个小家伙在湖边钓鱼，陈爵突然看到竹林遮掩的湖边好像有个罐子。他觉得奇怪，想看个究竟，于是收起鱼竿，脱了鞋子，挽起裤管，走进水里企图把罐子捞起来。罐子很沉，折腾了半天，岿然不动。他擦了把脸上的汗，用手挡住刺眼的阳光，朝陈挺喊："陈挺，这里有个怪物，快过来帮帮我。"陈挺听说有怪物，来了兴趣，连滚带爬跑过来，跳进水中，发现是个罐子，不觉有些泄气说："我以为什么怪物，原来是个破罐子。"陈爵怕他不帮自己，就说："说不定里面装着宝物呢。"陈挺的胃口再次被吊起来，费了九牛二虎之力，同心协力，终于把罐子抬上了湖岸。

他们用水洗去罐子身上的青苔和泥巴，罐子露出了本色：黄灿灿的在阳光下闪烁着耀眼的光芒。

"这是不是一只金罐啊？"陈爵问陈挺。

陈挺摇摇头说："不知道。"

这时，刚才被他们搬罐时搅浑的湖水渐渐变清澈了。陈爵发现水中还有许多铜钱大小的钱币，他捞起几个洗掉污泥，也是黄灿灿的闪着光芒！

俩人搞不清是金子还是铜钱，决定回村告诉大人。陈君贤听了儿子连呼带喘的介绍，看了他带回来的钱币，认出是早已消亡的皖国遗留下来的金币。父子俩来到湖边，已经有许多村民听了陈挺的话，跑到湖里打捞金币了，有的人甚至准备抢夺那只金樽（罐子）。陈君贤站在一块石头上，对乱哄哄的村民大声说："乡亲们，不要抢！这些都是皖国的财产，也就属于汉朝，是国家的财富！"

原来，从商朝起，庐州就是一个小诸侯国&皖国所在地。春秋诸侯争霸时，皖国依附楚国；楚汉争霸时，楚国被灭，皖国归属汉室。因此，陈君贤说财产应属汉朝，是有法理依据的。

陈君贤平常为人诚恳、乐于助人、宽厚仁慈，在村里享有很高的声望。大家听他这么一说，纷纷将打捞的金币、器皿等一应物品，跟陈爵陈挺打捞的那只金樽放在一起。

陈君贤接着对乡亲们说："乡亲们，再好、再贵重的东西，不是自家的都不能要，黄金好，可它买不到做人的道理！我提议，把这些财产上缴官府，大家同不同意？"

乡亲们异口同声表示同意。陈君贤跟推荐出来的几位乡亲代表一起，把黄金送到了庐州府。汉明帝看了陈君贤和乡亲们拾金不昧诚实做人的事迹后，非常高兴，特别下了一道诏书，表彰奖励了他们，并昭告天下，向他们学习。

疑信参半

◎嵇康绝交托孤

嵇康是魏正始年间（公元240—公元249）"竹林七贤"之一。"竹林七贤"在中国文学史上具有重要的地位，其创作主要继承了建安文学精神，但由于当时政治高压，出版审查严格，作家不能直抒胸臆，不得不采用比兴、象征、神话等手法，隐晦曲折地表达自己的思想感情。"竹林"取自佛教天竺，加上七位作家贤士，故称"竹林七贤"。他们分别是嵇康、阮籍、山涛、向秀、刘伶、王戎和阮咸。

七人都才华横溢，是当时玄学的代表人物。嵇康、阮籍、刘伶、阮咸始终主张道家学术，山涛、王戎则在道家基础上杂以儒学，向秀则主张名教与自然合一。思想观念的差异，没有影响他们的友谊。他们经常聚在一起，喝酒放歌，谈论文学和政治，用清谈、饮酒、佯狂等方式来排遣心中的苦闷。

当时朝廷权力斗争十分激烈，表面上是曹氏家族在当皇帝，实际上早已大权旁落，野心勃勃的丞相司马昭专权篡位之心已是路人皆知。因此，无论在朝中还是在民间，都出现了保曹派与保司马派的斗争。司马昭为了扩大势力，争取知识分子阶层的支持，一心想拉拢"竹林七贤"，办法之一就是加官封爵。司马昭采取各个击破分散瓦解他们。他首先请山涛出山。由于有点儿亲戚关系，山涛不好拒绝，只好答应。

山涛当官后感觉还不错，起码可以部分实现自己的政治抱负，于是在没有事先征求嵇康意见的情况下，将他推荐到朝中做官。嵇康猝不及防，非常生气，在撕毁任命书的同时，写了一封《与山巨源绝交书》给山涛（山涛字巨源），断绝了跟他的朋友关系，并在信中强烈抨击了司马昭专揽国政，陷害忠良，企图称帝的野心。

官居要职的钟会是个奸佞小人，见嵇康拒绝出山，就在司马昭面前说他的坏话。司马昭很生气，找了个借口把他抓起来，关进了监狱，判了他的死刑。山涛十分着急，几次上书司马昭，为嵇康开脱免罪，都被拒绝了。临死前，嵇康将自己只有十岁的儿子嵇绍托付给山涛，请求他把孩子抚养成人，山涛答应了。

嵇康死后，山涛对嵇康一家老小悉心照顾，对嵇绍更是视如己出，教他读书做人，练习各种本领。二十年后，司马炎当了皇帝，国号"晋"，朝廷混乱局面得到扭转，社会进入安定繁荣，史称"太康之治"。山涛见朝纲基本稳定，于是上书给司马炎说："嵇绍现在已经长大成人，并且品德高尚，才华横溢，是国家栋梁之才，应予以重用。至于父辈责任，不应该延续，更不应该让后人承担。"司马炎采纳了山涛的意见，任命嵇绍为秘书丞。嵇绍著有《隋书》《唐书·经籍志》传世。

◎鲁肃替诸葛亮保密

通常,我们对风吹两边倒的墙头草很反感。但别忘了,中国还有句古训叫"良禽择木而栖"。弃暗投明,跟欣赏自己,宽容大度,任人唯贤的人在一起共事,才是人生的幸事。

鲁肃是安徽定远人,三国时期吴国著名的谋士,同样以深谋远虑,神机妙算著称,很得孙权倚重。

东汉末年,饱读诗书又善于骑射的鲁肃见朝廷昏庸,官吏腐败,社会动荡,就召集乡里青少年练兵习武,一方面可以保卫家园,另一方面也可伺机称雄一方。他家庭富裕,又仗义疏财,结交了许多天下贤达。为避战乱,鲁肃先依附袁术,后追随周瑜,并在周瑜引荐下,成为孙吴重臣。"联刘抗曹",就是鲁肃在分析天下形势后,为孙权出的主意。他认为汉室已不可能复兴,曹操也不可能在短时间内被除掉,所以孙权经营江南,主宰江东是完全有可能的。孙权采纳了他的意见。

于是,鲁肃受命游说刘备。刘备听了很兴奋,派诸葛亮作为全权代表去见孙权。双方商定,曹军来犯,周瑜为总指挥,鲁肃和诸葛亮为作战参谋,共商军机大事。周瑜曾有过"天生亮何生瑜"的感叹,对诸葛亮的才能一直不服气,随时都想刁难他,出他的洋相。一次军事会议上,周瑜假装用商量的口吻对诸葛亮说:"我们就要跟曹军交战,现在军中缺箭,想请先生负责在十天内赶造十万支,你以为如何?"诸葛亮说:"只要三天。"周瑜说:"军情紧急,可不能开玩笑。"诸葛亮说:"军中无戏言,我愿立军令状。"鲁肃很尊重诸葛亮,明知周瑜耍花招,又不便明说。他心情沉重地拜访诸葛亮,责怪他不该答应。诸葛亮胸有成竹,如此这般给他交代一番,然后叮嘱说:"这事不能让都督知道，否则，我的计划就完了。"

鲁肃不知诸葛亮葫芦里装的是什么药，但还是按他的要求调拨了二十条快船，每条船上布置好青布幔子和草人，配三十名军士，任他调度。直到第三天一大早，江上大雾弥漫，诸葛亮才下令把船一字儿摆开，朝曹军水寨驶去，又叫船上军士一边擂鼓，一边大声呐喊。曹军以为敌人来袭，下令弓箭手放箭御敌。

这就是著名的"草船借箭"。原来，诸葛亮识天象已测算出今日必有大雾。诸葛亮与鲁肃在船舱里品茗对弈，见时辰差不多了，才说："我听舱外箭雨之声，算来此次曹贼所赠之箭应有十二万五千一百一十一支！"鲁肃惊得目瞪口呆，心中暗想："这人莫非神仙下凡？"一会儿，小卒进来禀报，共得箭十二万五千一百支。鲁肃大惊失色，诸葛亮的误差只有十一支箭！这哪是凡人？然而诸葛亮神色凝重，十分难看，对小卒说："没有遗漏了吗？"小卒跪下说："回禀先生，确实细细清点了，不敢有分毫差错。"鲁肃不知诸葛亮为何在乎这个微小的误差，不好问，只好严厉喝道："重新仔细清点后再来禀报！"

经过再次核实，确实只有十二万五千一百支箭。诸葛亮长叹一声，跌坐在舱板上，一言不发。快到东吴水寨时，他对鲁肃深鞠一躬说："素闻先生美名。今日有一事相求：听声数箭之事，请代为保密，切勿外传，亮感激不尽！"鲁肃虽然不知道诸葛亮为何在乎这次差错，但即便在双方成为对手后，也未跟任何人提过此事。

草船借箭是赤壁之战中的一个战列，结果是三分天下，形成了魏蜀吴三国鼎立的格局。

自信不疑

◎ 曾子杀猪

　　曾子是鲁国（今山东）人，聪明过人，记忆力和悟性都很强。十六岁的时候，他拜孔子为师，由于好学上进，很得孔子喜欢，经常在一起单独交流学习心得体会。曾子一生积极践行以"仁孝"为核心的儒家思想，传播儒家学术。他的"修身、齐家、治国、平天下"的政治观念，"慎终、追远、民德归厚和吾日三省吾身"的修养观念，影响了中国两千多年，至今仍具有宝贵的社会意义和实用价值。他编纂的《论语》，著述的《大学》、《孝经》、《曾子十篇》等，都是儒家学派的经典著作。他是上承孔子，下启孟子的关键人物，在儒学发展史，乃至中华文化史上都具有十分重要的地位。

　　曾子不但学问做得好，人品也非常高尚，深受四乡五里乡亲敬重。一天早上，曾子的妻子要去赶集，孩子哭喊着也要去。妻子劝了半天，孩子也听不进去。于是，她哄孩子说，你不要去了，等我回来杀猪给你吃。孩子听说要杀猪，觉得既好玩又有肉吃，两眼放光，不再缠着母亲了。太阳正顶时，妻子从集市上办完事回来，发现曾子真要杀猪，孩子上蹿下跳在旁边看热闹，连忙上前制止。曾子说，是你告诉孩子要杀猪给他吃肉的啊。妻子嗔怒说，那是哄他的，你还当真啊？曾子说，孩子跟大人一样，是不能欺骗的。一方面，他以后不会再相信我们了；另一方面，今后他也会学我们的样子去欺哄别人。说完，坚持把猪杀了。

　　说到做到。这就是曾子留给我们简单而又复杂的命题。

◎ 王拱辰辞状元

在中国历史上，北宋是个一个非常了不起的朝代，经济文化科技取得的辉煌成就，是后世其他朝代都不能望其项背的。仅就官员阶层的风气而言，虽有明争暗斗，但正气始终占着上风，先有晏殊推辞进士，后有王拱辰推辞状元，这种勇气和诚实品质，是非常难能可贵的，是社会优良风气的导向。

王拱辰是河南开封人，生于1012年，死于1085年。王拱辰从小家里很贫穷，父亲去世得也早。在四个兄弟姊妹中，他是老大。父亲离开后，王拱辰跟母亲一起，承担起了家庭重任，白天下地干活，上山砍柴，晚上回家秉烛夜读，同时还要学会照顾弟弟妹妹。母亲织了新布，他要母亲首先给弟弟妹妹做衣服，从集市上买了好吃的，他要让弟弟妹妹先吃，家里所有重活累活脏活，他都抢着干，等到把弟弟妹妹都安顿睡下了，才披衣坐在窗前学习，经常看着看着就睡着了，等被冰凉的夜风吹醒，又继续读书。由于王拱辰孝顺母亲，懂事勤劳，生活俭朴，学习成绩优异，常常受乡亲们的夸奖。

仁宗天圣八年（1030年），王拱辰到东京参加由皇帝亲自主持的殿试。仁宗是一位很勤勉也很开明的君主。他认真审阅了每一个考生的试卷，发现王拱辰的文章立论新颖，见解独到，文笔流畅，文采飞扬，别人都无法比拟，于是打算钦定他为本场考试的状元。根据科举规定，三天后，皇上要把头三名学子诏进殿上，进行面试。参加面试的还有满朝文武百官，他们将作为皇帝的参谋，对第一名状元，第二名探花，第三名榜眼品头论足，为皇帝最终的裁定和决心提供依据。当仁宗宣布第一名是王拱辰时，王拱辰没有高兴也没有跪下谢恩，平静地说："陛下，请您把

状元判给别人,小生不配。"此言一出,众皆哗然,不仅百官面面相觑,议论纷纷,就连一向持重的皇帝也觉得惊讶:天下还有不愿当状元的人?更何况,考试成绩在那里放着,也没人检举揭发有作弊犯科的行为,科举考试已经历了四、五百年,这样的事情还闻所未闻。这王拱辰是不是脑子有毛病?

正当百官和皇上纳闷的时候,王拱辰说:"陛下,我十年寒窗苦读,做梦都想中状元。可是这次考试的题目,跟不久前我练习过的题目一模一样,所以侥幸撞上了头名。如果我不说出来,就违背了我要诚实做人的原则。我从小至今都没说过谎,所以,不把实情告诉你,即便获得了状元的名头,我一生都不会快乐。"皇上听了,非常感动,百官也频频点头。一时间,大殿上议论声重新响起,大家都为王拱辰能够不唯名不唯利,如此襟怀坦白而欣慰。如果天下士子都能这样诚实坦荡,真是国家之幸啊。皇帝也特别赏识王拱辰的人品,认为他将来一定是国家建设之栋梁,于是说:"此前做过考题,一是偶然,二是你勤奋,不存在作弊之嫌,不是你的责任。你主动说出来,说明你心底无私,为人正直。这一点,比写得一篇好文章更重要。从这个意义上讲,你完全具备了做状元的资格。何况,你文章中表现出来的思想理念,所展示的才能和担当精神,也是非常难得的。因此,你这个状元就不要再推辞了。"文武百官一起向他道喜。

王拱辰成为北宋王朝第三十八位状元。从政五十五年,经历三朝皇帝,是为数不多敢于向皇帝直谏的官员。死后,宋哲宗追赠他为开府仪同三司。顺便说一句,王拱辰还是宋朝著名女词人李清照的外公。

◎ 周举"忘恩负义"

周举是东汉后期汝阳人（今河南息县）人，长得五短身材，其貌丑陋，从别人家门前经过，看家狗见了都不敢出声，赶紧躲到主人身后，不知道遇到了什么怪物。就这样一个人却学富五车，见多识广，纵横捭阖，足智多谋，而且敢作敢为，无私正派，是治国理政的良臣，让皇上和同僚刮目相看。

汉顺帝阳嘉三年（公元134年），周举经尚书令左雄推荐，由冀州刺史提升为尚书（尚书令相当于总理，尚书相当于部长），成为朝廷重臣。按照当时的官场习俗，这位左大人对周举有"知遇"之恩，就是"恩师"。

"受人滴水之恩当以涌泉相报"。周举跟所有受儒家文化熏陶出来的官员一样，深谙此理。然而，后来发生的事情差点让他背上了"忘恩负义"的骂名。

一天早朝，汉顺帝请各位大臣举荐一位英勇顽强、有胆有谋、能征善战的将帅之才统领军队。汉顺帝话音刚落，左雄就立即上前，提名曾任冀州刺史的冯直。不料左雄才把话说完，就遭到了周举的反对。

周举一点面子都不给恩师，说："万万不可，冯直曾因贪赃枉法获过罪，这种人怎能担当如此重任？"

左雄猝不及防，一点思想准备都没有。其他官员见状，也瞠目结舌，完全被这位敢在大堂之上顶撞恩师的周举惊呆了。场面一时陷入尴尬。他顾不得许多，一定要挽回面子，驳斥说："皇上是让我们推选能指挥打仗的人，不是让我们推选清廉高洁的先进典型。"

周举寸步不让，据理力争说："上梁不正下梁歪。统兵之人是贪官污吏，一级效仿一级，都想着中饱私囊，还有谁会去刻苦练兵，还有谁会去效命沙场？"

左雄被噎住了，气得胸腔几乎炸裂。

满朝文武对此议论纷纷。有人说周举忘恩负义，以怨报德；也有人说周举秉公办事，刚直不阿，是对朝廷负责的表现。于是，意见分成两派，争执不下。汉顺帝很不高兴，知道不会有结果，宣布退朝。

第二天一早，周举上书汉顺帝，以左雄作为朝廷命官，保举人才不当为由对他启动弹劾程序。汉顺帝左右为难：一方面他同意周举的观点，另一方面又觉得周举弹劾恩人的做法有悖情理。左雄得知周举不但当庭跟自己过不去，居然还要弹劾自己，气得破口大骂，说当初瞎了狗眼，在身边养了这么一只白眼狼。朝中文武听说后，认为周举是小人之举，争一争吵一吵也就罢了，还动真格！

周举陷入严重的信任危机。就在此时，曾经做过左雄顶头上司的冯直父亲登门拜访左雄。他说："周举这几天正在四处游说各位大臣，试图结党营私，独揽朝政啊。"左雄听出一身冷汗，但仍将信将疑，便派下属去打探，发现周举果然在频繁活动。左雄认为他跟自己较劲也就算了，没想到还要颠覆朝廷，这是他绝对不可饶恕的。他立即起草奏章，揭露周举罪行。

此时周举不请自来。他不顾左雄的冷嘲热讽说："这几天我一家一家走访，说服了许多大臣不能启用冯直，你是最后一个。"

左雄明白了冯父所说的四处游说，但依然不理周举。周举接着说："你对我有大恩，我更应不负于你，维护你的声誉和形象。"

周举见左雄没有攆他，就给他讲起了故事：春秋时期，晋国大臣赵盾向晋灵公推荐韩厥当司马（军方执纪官）。一次，秦晋两国在河曲打仗，赵盾的马车冲撞了队伍，韩厥"以军法戮盾仆"，斩了赵盾的车夫。打狗还得看主人。事情传开后，有人指责韩厥"忘恩负义"，可是赵盾却高兴地

说:"你们应该祝贺我啊,我推选的韩司马,他忠于职守,执法不阿,没有辜负我的期望!"

左雄是明白人,两人言归于好。

后来,左雄病重,汉顺帝前去探望,他诚恳地说:"周举诚实耿直,清廉忠心,正直无私,是个不可多得的人才,可以委以重任!"并将他们之间的恩怨是非告诉了顺帝。汉顺帝听从左雄劝告,继续对周举委以重任。

◎ 以心为据

明朝时，山西太原府有个商人叫蒋前黎，是做中药材生意的。人都说商人重利轻义，蒋先生却恰恰相反，做人做事，都重承诺、讲信义，缺斤少两、以次充好，昧良心的事从来不做。收购药材，从来不杀价，批发出去，也从来不抬价，如果遇到对方家庭有变故，他还会送上一些银两资助。因此，药材铺前始终顾客盈门，车水马龙，美誉传到了千里之外，很多人都情愿跋山涉水，来他这里卖药或买药。

一次，蒋前黎的一位朋友路过太原，将一千两白银暂时寄存在他家中，想在周边游耍几天，看看晋祠，逛逛不远处的云冈石窟。一天，他玩得尽兴了，很晚才回到旅店。刚要进屋准备洗漱休息，一个满脸风尘仆仆的男子出现在眼前。他一眼就认出是家里的仆人，立即明白肯定有不好的消息。果然，仆人告诉他，老太太不行了，请他赶回去看最后一眼。他暗叫不好，只顾自己在外贪玩，险些误了大事。他当即捡了几件要紧的行李，跟蒋前黎连声招呼都没打，就匆匆上路了。

主仆二人披星戴月风雨兼程，等到家，老太太已经于前日一命呜呼了。他既悔恨不该在太原滞留，以致没能为母亲送终，又疲惫不堪染了风寒，再加丧亲之痛，很快就一病不起，茶饭不进了。不到三月，随老太太去了。

蒋前黎左等朋友不来，右等朋友不来，不知发生了什么事，就捎信去他家里，请他务必尽快到太原走一遭。朋友儿子得信后，以为父亲在太原蒋家欠有债务，待处理完后事，就连忙赶去了。家里接连遭遇不幸，已到了入不敷出的境地，但父债子还，天经地义，一时还不上，把话说清楚，请求蒋伯伯宽限几年也是可能的。

他到了太原,便马不停蹄地登门拜访。叙过家常,蒋前黎对朋友和老太太去世嘘唏不已,请他节哀顺变。然后对他说:"贤侄啊,请你来有一事相告,家父在时路过太原,曾将一千两白银寄放在我处。现在你父亲去世了,请你将白银领回去吧!"

朋友的儿子听蒋前黎这么一说,当时就懵了:父亲生前从未提起,难道蒋伯伯看出我家道衰落,有意要提携我们?于是就问:"蒋伯伯,我父亲生前从未提及此事啊?"

蒋前黎说:"或许是你父亲事情多,给忘了。"

朋友的儿子接着说:"蒋伯伯,谢谢你想提携侄儿,但银子一分一厘也不能要。"

蒋前黎说:"贤侄,银子确实是你父亲放在我这里的。"

朋友儿子还是不信,问:"既然如此,我父亲寄存一千两白银时可有什么凭证?"

蒋前黎说:"没有。我们是好朋友,对彼此都深信不疑。"

朋友的儿子执意不肯接受,说:"这么多银子,你们之间连个凭证都不留,太不可思议了。俗话说害人之心不可有,防人之心不可无,再好的友谊,也不能代替字据啊。家父直到去世都很清醒,他的确没跟我说起过此事。多谢蒋伯伯的好意,我实在难以接受这么贵重的馈赠"。

蒋前黎严肃起来,对朋友的儿子说:"凭证光在纸上不在心里是没有用的。你父亲没给你说,是他信任我的为人,知道不用说,银子也会物归原主的!"

朋友儿子在蒋家住了几日,准备告辞启程。蒋前黎吩咐仆人将白银封好,装上马车,护送他回家。

◎吕元膺以信辨忠奸

吕元膺是郓州东平县人（今山东省东平县），生于公元749年，卒于公元820年，是唐朝中晚期非常优秀的公务员。那时，唐朝刚刚经历了安史之乱，社会仍处于动荡不安之中，人才匮乏，朝廷求贤若渴。

吕元膺从小喜欢读书，并表现出了良好的天赋。十多岁时就常去拜见当地士绅，跟他们一起讨论天下大事，许多独具慧眼的观点和思想，让老夫子们深感后生可畏，大有英雄迟暮之叹。随着年龄增长，吕元膺的学识才华也不断提升，在坊间享有很高的美誉，被当地政府推选为贤良，同时进入仕途。从最低级的军官做起，直至吏部侍郎，并在死后被追赠吏部尚书，吕元膺这位没有参加科举，纯粹靠自学成才的高级公务员，可以说是顺风顺水，平步青云，几乎没有遭受过任何挫折。

吕元膺任蕲州刺史时（今湖北省蕲春县），有年年关临近，他到监狱去检查工作，有个囚犯对他说："大人，明天就是大年三十了，家有白发父母，却不能团聚，悔不该当初啊。"说完嚎啕大哭，十分伤心。吕元膺看出囚犯是真诚忏悔，心想何不借机让他们实现心愿，回家感受家庭温暖，父母疼爱，不是更有利于改造吗？于是，他下令把所有囚犯的刑具去掉，让他们回去过年，并确定回来的时间。狱吏大惊失色，认为他们都是一伙无法无天之徒，岂不是放虎归山吗？吕元膺说："我相信他们，他们一定会按时回来。有什么后果我负责。"结果囚犯们没有一个没如期返回，并表示一定好生伏法，重新做人。

吕元膺升任御史中丞后，有一天晚上突发奇想，要跑去登城楼观夜景，结果被守城军官拦住了。随从赶紧上前解释说："这是中丞大人，快开门让我们进去"。军官毫不退让说:"这是规定,况且夜色黑暗,看不清楚。"吕元膺完全没有接近的机会,只好灰溜溜地回去了。随从暗暗为这位固执的军官捏了把汗。没想第二天,这位军官却得到了破格提拔。

吕元膺在任东都洛阳留守时,家里养了一个门客,他们经常在一起读书写作讨论治国安邦之策,也经常在一起品茗下棋。有一次,两人正在对弈,情势呈胶着状,属下送来公文需要吕元膺立即批阅。他起身离开棋盘,认真研读公文,一时竟忘了下棋。门客一看,就趁机悄悄换了一枚棋子。这样一来,情势逆转,局势顿时变得对门客有利起来。真是无巧不成书,偏偏这个小动作没有躲过吕元膺的眼睛。但他没有揭穿,心悦诚服地输掉了这盘棋。第二天,他非常客气地对门客说:"感谢你这些年为我做了很多事。只是我这里人浮于事,难免会耽误先生的前程,请另作高就吧。"说罢,为他准备了丰厚的盘缠,送他上路。门客知道怎么回事,但天下没有后悔药吃,只好讪讪地走了。

门客突然被打发走让家里人很不理解,吕元膺也不解释。直到他病危不起时,才语重心长地对围在病榻前的家人说:"你们都还记得十多年前被我辞去的那位门客吧?一开始我们相处很好,之所以要下决心把他辞却,终身不再与他交往,其实只为一枚棋子。当时,他趁我不注意偷偷更换了一枚棋子,这原本算不上什么事,但我却从中看到他心迹可畏。如果当时就说出来,他一定会很难看,而且从此在社会上抬不起头。但现在我再不说,你们不了解真情,会误以为我是个薄情寡义之人。"说罢,他轻松地闭上双眼,溘然长逝。

◎曹操跟关羽约法三章

根据《三国演义》描述，建安五年（公元200年），曹操亲率大军进攻占据徐州的刘备。刘备仓促应战，又无援兵，被打得稀里哗啦。兄弟张飞失散，两个老婆和关羽都成了曹军的俘虏。好在关羽留了个心眼，在归降曹操时，跟他提了条件，其中之一就是：一旦得知兄长（刘备）下落，无论天涯海角，也要马上去相会！曹操很欣赏关羽，同意了。

曹操的算盘却是这样打的：不单要拿下关羽这个人，还要拿下那颗心，火候到了，他自然就舍不得离开，或不愿离开了。于是，曹丞相亲自安排关羽入住武英阁别墅，封他为汉寿亭侯，送他十位美女，金银财宝绫罗绸缎无数，派人每天好吃好喝小心伺候着。总之，没有你想到的，只有你想不到的，待遇规格之高，不亚于供了尊菩萨。可关羽不买账，金钱美女，美味佳肴，对他都是浮云，一心只想有朝一日能找到大哥刘备，兄弟团聚。曹操手下一帮如张辽徐晃等干将十分嫉妒，私下里议论关羽不识抬举。

一天，曹操请关羽到校场相见。由于座骑又老又瘦，跑不快，等关羽匆匆赶到时，曹操已率众将等候在那里了。曹操以为关羽有意轻慢自己，很不高兴。但当他得知是马的缘故后，立即命人将缴获吕布的赤兔马送给他。关羽对这匹千里马的美名早有耳闻，今日见了，果然名不虚传，激动得连连叩谢。

曹操笑着说："关将军，我送你那么多金银美女，也没见你这么欢喜啊？"

关羽说："赤兔马日行千里，末将有了它，一旦得知兄长下落，一日间便可相会了！"

众将领面面相觑，不知如何是好，曹操也只得干笑两

声说:"……将军的忠肝义胆,古今罕见。"

关羽牵马离去。

后来,曹军与袁绍作战。他想检验一下关羽对自己的忠诚,派人把他请到将军帐下。

曹操指着山下说:"关将军,你看看袁绍的军阵,何等雄壮!"

关羽向山下瞟了一眼,沉着地说:"禀丞相,在我眼里,不过是一堆枯朽!"

曹操又指着阵前的颜良说:"那人就是袁绍的前军主将颜良!已斩我数将,武艺不在吕布之下。"

关羽不以为然地说:"在我眼里,颜良正在插标卖首!等关某立刻取他首级来献!"

曹操严肃地说:"军中无戏言啊!如你战他不下,该如何?"

关羽毫不犹豫地说:"那就请丞相取我首级!"

曹操要的就是这句话,立即传令说:"斟酒来!"

军士正要斟酒,关羽已经飞身上马,背对曹操大声喊:"丞相莫急,待我取了那颜良首级,再喝此酒不迟"。

颜良见一将驰来,大声喝问:"你是何人?本将不杀无名之辈……"话音未落,关羽已飞至跟前,振臂挥刀,将颜良斩于马下。顿时,袁军阵脚大乱,曹军乘胜攻击,顷刻之间,颜良所部被杀得丢盔弃甲,横尸遍野。

第二天正午,又杀了袁军名将文丑。

此时,寄居袁绍帐下的刘备得知关羽下落,连夜派糜芳前往送信。第二天一早,关羽赶往相府辞行,曹操避而不见。他又去找张辽,张辽也称病不起。无奈,关羽只好收拾行李,带上刘备老婆出发。行前,他将那颗汉寿亭侯的大印郑重地高悬于梁上,朝大印深深一揖,说:"丞相恕罪,关羽告辞了!"

得知关羽离去的消息,曹操慨叹道:"财富不能动其心,

爵禄不能改其志，生死不能阻其行。对这样的义士，别说我曹操，天奈其何？"

众将领知道关羽此去必投袁绍，纷纷要求追杀，以绝后患。

曹操摇摇头说："我跟关羽有约，大家跟我出城相送吧。"

关羽护卫着驿车，正行到三岔口，远远看见曹操率领十多个战将而来，立刻横刀立于路口，准备迎战。

曹操令众将驻马，单骑上前笑道："关将军，何必走得这么急啊？连一杯送行酒都没喝。"

关羽在马上说："在下与丞相有约在先，一旦得知兄长下落，无论天涯海角都立刻前去相会，因此走得仓促，还请丞相恕罪！"

曹操一笑："我既与你有约，岂能失信！不过此去冀州路途尚远，我特来送你一些盘缠，再送你一件锦袍，供你一路遮凉御寒。"

一军士捧着银盘走过来，内有黄金数锭、锦袍一件。关羽十分感动，但又怕曹操耍阴招，犹豫片刻，倒持长刀，以刀柄挑过锦袍，披于身上，抱拳谢道："丞相……恕关羽不能下马叩谢了！就此告辞！"

曹操一直目送关羽消失在漫天尘土中，才慢慢勒马回城。

◎ 齐桓公成就"春秋五霸"

齐桓公是春秋战国人,本姓姜,兄弟三人,大哥叫诸儿,二哥叫纠,本人叫小白,人称姜小白。父亲齐僖公死后,大哥即位,称齐襄公。齐襄公死于内乱,姜小白与二哥争位,成功后称齐桓公。

姜小白本事不大,但目光高远,知人善用,心胸宽广,手下聚集了像管仲等一批雄才大略的能人。管仲这个人了不得,博古贯今,有经天纬地之才,济世匡时之略。他注重经济发展,反对空谈主义。他主张"国多财则远者来,地辟举则民留处,仓廪实而知礼节,衣食足而知荣辱"。齐桓公用人不疑,非常尊重他,管他叫"仲父",授权让他主持一系列政治经济改革,自己基本当甩手掌柜。管仲不负众望,励精图治,齐国国力蒸蒸日上。

国力强大了,齐桓公成了老大哥,就想说话算数。五年(公元前681年),经齐国倡议、宋、陈、蔡、邾等国国君齐聚北杏开会,讨论平息宋国内部争夺君位的问题,史称"北杏会盟"。会前,齐桓公曾邀请遂国国君参加,遭到拒绝。齐桓公很生气,把遂国灭了。

齐桓公享受到了武力征服的快感,随即率兵杀向不太听话的鲁国。鲁庄公见齐军来势凶猛,知道打不过,就在距离国都五十里的地方封土为界,请求免战投降,双方商定在柯地举行受降仪式。

鲁庄公手下有个大臣叫曹刿,在军事上很有一套,他看出了齐桓公的醉翁之意,对鲁庄公说:"他不单要地,还要你的命。我有一计,即在受降之日与齐桓公作殊死一搏。这样或许能保住国家和你的性命。"鲁庄公无奈,只好作鱼死网破的打算。

第二天,鲁庄公和曹刿一起怀揣利剑在柯地和跟齐桓

公会面。双方还未未入座,曹刿突然拔出剑来,威逼齐桓公说:"你们以强欺弱,与其屈辱地被灭,不如殊死一搏!"鲁庄公也趁势抓住齐桓公,抽出利剑对着自己,说:"原来我们的国都距离国境几百里,现在只剩五十里了。五十里跟一寸都没有有什么两样?丧失国土是死,和你拼命也是死,就让我们同归于尽算了。"

管仲见状说:"你们不能这样言而无信。"曹刿回答说:"你们一肚子狼子野心,还讲什么信与不信?"鲁庄公说:"齐、鲁两国以汶水为界,齐国必须归还鲁国的四百里土地,若答应,我就放了你家主公。"齐桓公哪受得了这种气喊道:"老匹夫,要么你动手,要么我齐国铁骑定要踏平鲁国!"

双方僵持不下,气氛十分紧张。还是管仲冷静,他高声说:"二位休要动手,待我与主公商量。"最终,齐桓公答应了鲁庄公的要求,并当场签订了条约。回去后,齐桓公越想越窝火,决定撕毁条约,出兵扫平鲁国。

管仲劝他说:"你事先没料到会被劫持,说明你不聪明;面临威胁你妥协了,说明你不勇敢;你答应的事又要反悔,说明您不讲信用。作为一国之君,既不勇敢,又不聪明,还不讲信用,将来谁会服你?你若按条约办事,赢得了诚信的美名,恐怕比得到鲁国更有价值。"

齐桓公觉得有道理。他说:"鲁庄公和曹刿是我的仇人。我对仇人都讲信用,说明我对其他人更讲信用。天下人知道了,会更加信任我。"齐桓公履行了条约。

好事传千里。各诸侯知道后,都很敬重齐桓公,都自愿归顺他。齐国成了"春秋五霸",诸侯盟主,四方服膺。

言必信,行必果

◎ 郭伋童叟无欺

郭伋生于公元前39年，卒于公元47年，扶风茂陵人（今陕西兴平县），是东汉时期的政府官员。

郭伋所在的时代，正值西汉摇摇欲坠，王莽篡权，东汉逐步兴起，社会动荡不安，民生凋敝。他先在王莽领导下出任并州牧（并州即太原，州牧为最高行政长官），后又跟着更始皇帝刘玄做了一阵子左冯翊（汉代官名兼行政区）。郭伋见刘玄胸无大志，头脑昏昏，声色犬马，不务正业，更不顾天下苍生，便投奔了刘秀。两年后的更始三年，刘玄在赤眉军和刘秀大军的进攻下，土崩瓦解，更始政权灭亡，东汉帝国正式建立，刘秀成为开国皇帝，号称光武帝。

刘秀非常信任郭伋，任命他为雍州牧（古九州之一），不久又改任尚书令，成为刘秀麾下能干的救火队长，哪里最困难，哪里问题最多，就把他派到那里。郭伋不负重托，认真履职，把地方治理得井井有条。公元29年，刘秀打败在渔阳（今北京密云）一带自立为王的彭宠，派郭伋任渔阳太守。渔阳是东汉的大后方，是粮草供应之地，对立足未稳的刘秀政权非同寻常。郭伋上任后正纲肃纪，剿杀盗贼，安定民心，鼓励生产，严打扰边匈奴，使饱受战乱之苦的百姓很快过上了丰衣足食的生活。公元33年，颍川（今河南禹州）难于治理，光武帝又调郭伋任颍川太守。公元35年，并州出事，叛军卢芳割据朔方等地称王，匈奴也不断侵扰，刘秀十分恼火，任命郭伋为并州牧。郭伋到任后，整饬军队，招募兵马，分化卢芳部将随昱。卢芳见大势已去，只好逃到匈奴，随昱等人投降刘秀，并州随即安定。

郭伋不仅官做得好，为人更是厚道。当他第二次赴并

州任职时，有这样的记载，"伋前在并州，素结恩德。伋后入界，到县邑，老幼相携，逢迎道路"，可见一斑。

还有一事证明郭伋厚道。有一次，郭伋去下面巡视，来到西河郡美稷县，人们听说后，纷纷自发上街欢迎他。有数百名小孩，骑着竹马，聚在道旁拜迎。

郭伋问："孩子们为什么远道而来？"

孩子们回答说："听说使君到来，我们很高兴，所以来这里欢迎。"

郭伋向他们表示感谢。

事情办完后，孩子们又将他送出城，并问："使君什么时候再回来？"

郭伋算好日子告诉他们，结果，返程时间比预计提前了一天。郭伋不想失信于孩子们，就在野外亭中留宿，等第二天才进城，孩子们也如约在城里等他。当大家得知郭伋为了遵守跟孩子们的约定，竟然在城外露宿一夜后，非常感动，都钦佩他为人厚道讲信誉。此事在并州传开，百姓交口称赞。

公元46年，郭伋辞去所有职务告老还乡。他把皇帝赐给他的钱财全部分送给宗亲九族，自己一点也没留。第二年，郭伋去世，时年八十六岁。刘秀得知后非常伤心，亲自前往吊唁送别。

言而无信

◎ 霍光辅政

公元前91年,汉武帝的太子刘据被奸臣江充所害,一时间,汉室江山继承人选成了问题。原因是次子齐怀王刘闳早年夭折,三子燕刺王刘旦和四子广陵厉王刘胥又是斗鸡走狗,游手好闲之辈,难当重任。已是垂暮之年的老皇帝思来想去,认为只有宠姬赵婕妤生的刘弗陵聪明伶俐,是可塑之才,或许将来能担起治国安邦大任。但刘弗陵只有三岁,天天在母亲怀里钻,还不能能指挥群臣,治理天下。

必须找一位能力超强且忠心耿耿,可以托付的人。汉武帝经过苦思冥想,把目光落在霍光身上。

霍光是骠骑大将军霍去病的同父异母弟弟。霍去病出征匈奴得胜回来,路经家乡山西平阳(临汾),将已成年、在家待业的青年霍光带到长安。也许是爱屋及乌,加之汉武帝用人从来不拘一格,直接给了他一个郎官做。霍光尽心竭力,勤勤恳恳,没多久就升迁为侍中。霍去病去世后,又被任命为奉车都尉兼光禄大夫(相当于司机兼生活秘书),伺候在汉武帝左右。二十多年,不仅从无差错,还从帝王将相身上学到了许多治国理政的要领,也让汉武帝看到了他人品的光芒和隐而不发的才能。

汉武帝认定霍光后,安排宫廷画师画了一幅周公背着成王接受诸侯朝觐的画,赐给霍光。公元前87年春天,汉武帝到五柞宫赏春,突发疾病,眼看就不行了。

霍光流泪俯身问:"陛下如有不测,谁来继承帝位?"

汉武帝已是气若游丝,说道:"你没有看懂那幅画吗?立我的小儿子,你要像当年周公那样辅助幼主。"旋即任命霍光为大司马大将军。第二天,汉武帝去世。随后,年仅八岁的刘弗陵即位,史称汉昭帝。

左将军上官桀跟霍光是儿女亲家，外孙女又和汉昭帝年纪相近，上官桀就托鄂邑公主把她纳入后宫为婕妤，几个月后正式立为皇后。上官桀因此显达，封了骠骑将军。这位鄂邑公主何以有如此能量，原来她是刘弗陵同父异母的姐姐。汉武帝去世后，年幼的昭帝成了孤儿，姐姐责无旁贷承担起了抚养他的责任，充当了娘亲角色，因此，在昭帝生活中具有举足轻重的地位。但霍光谨记先帝遗托，在原则问题上决不让步。公主有个姓丁的宠臣，希望按照旧例封为列侯，霍光不同意。公主又请求任命他为光禄大夫，霍光又没有允许。鄂邑公主对此非常不满。上官桀父子也因无法操控朝政而对霍光愤怒不已。

于是，一场针对霍光和昭帝的血雨腥风开始酝酿。

燕王刘旦因为没当上皇帝一直心怀仇恨；御史大夫桑弘羊因为国家开辟了税源而居功自傲。五人一拍即合，就以燕王的名义上书皇上，罗列了霍光越权办事，贪图享受，私自调兵，阴谋造反等一堆罪名。霍光知道此事后，第二天早朝就躲在西阁画室里不出去。

汉昭帝坐在龙椅上左右瞧不见霍光，就问："大将军在哪里？"

上官桀出班回答说："因为燕王告发了他的罪行，所以他不敢上殿了！"

汉昭帝虽然只有十四岁，但脑子已经很清醒了，下诏宣霍光进殿。霍光进来，脱下帽子连忙叩头谢罪。

汉昭帝问："大将军何罪之有？那封奏折上没有一句真话。你要谋反还用等到现在吗？"

上官桀见这招不行，又倚仗自己是皇后爷爷，儿子是皇帝老丈人的特殊身份进言毁谤霍光，汉昭帝大怒说："大将军忠心耿耿，天地可鉴。再有人敢无事生非，一定严惩不贷。"上官桀等人进谏不成，一不做二不休，干脆策划武装政变，让鄂邑公主出面宴请霍光，埋下伏兵，准备半

路杀掉他,废除昭帝。不料阴谋暴露,霍光先发制人,在昭帝支持下逮捕了上官桀父子、桑弘羊等人。燕王刘旦、鄂邑公主见大势已去,相继自杀。

霍光受命辅佐汉昭帝,一心不二,执掌汉室最高权力近二十年,为西汉的安定和中兴建立了卓越功勋,成为一代著名的政治家。

延伸阅读

废除昌邑

元平元年(前74年)夏四月癸未日,汉昭帝驾崩,他没有儿子。霍光迎立汉武帝孙昌邑王刘贺即位,但二十七日之后就以淫乱无道的理由报请上官太后废除了他。霍光同群臣商议后决定从民间迎接武帝曾孙刘病已(后改名刘询)继承帝位。这就是汉宣帝。霍光与伊尹效法殷商伊尹,行废立天子之事,从此后人合称为"伊霍"。

◎ 季札挂剑

历史上有"南季北孔"之说,"南季"就是说的季札,"北孔",当然是说孔子。两人都生活在春秋战国时期,互相仰慕,互相沟通,彼此学习,同为圣人,同为中华文化作出了巨大贡献,是同时期南北中国两朵艳丽的文化奇葩。

季札是春秋时期吴国国君寿梦的第四个儿子。他博学多才,品行高尚,在美学、艺术理论方面都有高深的造诣。他诚实守信,甚至是在心里许下的诺言,也要竭尽全力做到。

季札在吴国主要负责外交工作,因为他的努力,吴国跟周边,甚至更远的北方诸侯国,关系都十分友好。一次,他遵照国君的安排,身佩代表国君意志的宝剑出使各诸侯国。经过徐国时(今江苏苏北地区),受到徐国国君的热情接待。两人都胸有丘壑,意气相投,相谈甚欢,很快就成了无话不谈的好朋友。

几天后,季札要离开徐国继续赶路,徐国国君十分不舍,在宫中设宴为他送行。徐国是一个小国,并不富庶,但国君仍然倾其所有,一应美酒佳肴,凡是宫里民间有的好东西,都摆上来了。席间,还有乐队演奏优美动听的音乐。两人推杯换盏,在美妙的音乐中十分享受。季札是个性情中人,酒酣耳热之际,止不住想比划几下,于是起身抽出佩剑,一边唱歌一边舞剑,以助酒兴。

这宝剑一出,立即吸引了徐国国君的眼球:这吴国不愧是科技大国啊,你看那剑鞘做工厚重精美,蛟龙戏珠的图案设计大方精巧,材质高档,镶嵌的宝石打磨非常细腻,被那灯光一照,宝光四溅,耀眼炫目。再看那剑,寒冷如雪,锋利无比,挥舞之间,银光闪闪,如疾风闪电,似鬼魂出没,所到之处,纤尘落地,蚊蝇分尸,令人不寒而栗。

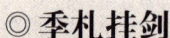

整个舞剑过程，徐国国君的目光都没有离开过那把剑，并禁不住几次从席上站起来，击掌连声叫好："好剑！好剑！"

季札看出徐国国君非常喜欢这把剑，便想送给他作纪念。可是，这是出使各国的信物，也是吴国主权和尊严的象征，各诸侯国必须见到它，才能允许入境，才能享受外交使节的礼遇，才能得到对方的接待。现在自己的任务还没有完成，怎么能把剑送给别人呢？

徐国国君理解季札的难处，再也不提跟剑有关的事。

临分手的时候到了，徐国国君给季札收拾了许多土特产，十里相送，难舍难分，俨然已是无话不说的知己。季札对徐国国君没有难为自己而非常感激，在心里暗自许下诺言：出使归来，一定将宝剑赠送给徐国国君。

然而，出乎意料的是，数月后，等季札出使归来，徐国国君已因病不治身亡。

季札来到徐国国君墓前，三行大礼之后，对着已是荒草萋萋的坟茔说："徐君，我知道你喜欢这把宝剑，现在我已完成使命，就把它送给您做个纪念吧。"

说完已是泪流满面。跟随他的人不解地问："大人，他已经去世了，这么好的剑送给他，他也用不着啊？"

季札抹去泪水，恭敬地把剑挂在墓前的松树上说："在离开徐国之前，我已经在心里许诺过，等出使归来，一定要将这把剑赠送给徐君。现在这样做，只不过是兑现当时的诺言而已。"

◎乳母护幼主

战国时期,七雄争霸,秦国凭借多年修炼的内功,出兵魏国。魏国曾经雄霸中原,国力强盛,马陵之战被齐国打败后迅速衰落为二流国家。此时要与强大的秦国对抗,跟以卵击石差不多,因此固守都城,不敢开城迎战。秦国将领王贲久攻不下,在实地勘察魏国国都河南开封地理地形后,决定引黄河水进行水攻&淹没开封。

这一招相当厉害。一时间,开封城里一片汪洋,房坍屋塌,哀鸿遍野,士兵纷纷弃城而逃。魏王召集成年王子们,准备作最后一搏。但有一个小王子尚在幼年,他不忍让他成为战争的牺牲品。经过反复思考,他把小王子和乳母叫到身边,让孩子给她跪下,请求她把孩子带出王宫,看能不能保住王室一脉血统。危难之时,一向看是柔弱的乳母果断地答应魏王说:"主公请放心,只要奴婢有一口气,王子就会平安无事。"

乳母说完,背起王子,钻进地下通道,逃出城外。

经过短暂的拼杀,魏王投降,王子们被秦军逐一诛杀。在结束战斗打扫战场时,秦军发现不见了小王子,于是报告了秦王。秦王知道留下活口就等于留下祸根,随即贴出告示通缉小王子。

此时乳母已带着小王子逃回乡下家中,并在哥哥的帮助下,将小王子秘密藏在一个地窖里。

秦王一不做二不休,不但贴了告示,还买通了许多当地人做卧底,在国内布下了天罗地网。因此,乳母的行踪都被盯得死死的,稍有不慎,就会暴露小王子藏匿的地方。一天,一个卧底实在没有耐心了,在路上拦下乳母,问她到底把小王子藏到哪里了。乳母毫无惧色,镇定自若地回答:"我不知道小王子在哪里。就算知道,也不会把他献给

秦军的。我虽然没读过书，没有文化，但应该信守诺言的道理还是懂的；我虽然是个女子，地位卑贱，但忠义二字的意思还是明白的。"

秦王无奈，决定放长线钓大鱼，下令不要威逼乳母，变明跟踪为暗跟踪，让她放松警惕，自己暴露破绽。兄妹二人知道真相后，趁夜深人静之时，背着小王子逃进山里。秦军发现乳母失踪后，立即展开调查，得知他们已逃进深山里。秦军恼羞成怒，将乳母的儿子抓起来，带到山下，把他打哭，逼他喊娘，妄图用攻心之术诱迫她出山，交出小王子。乳母听见儿子撕心裂肺的哭叫，心如刀绞，泪流满面。她咬着嘴唇，紧闭双眼，在心底告诉自己不要上当，只要还有一口气，就一定要保住小王子不受伤害。秦军见攻心不成，一气之下杀害了乳母的孩子。

秦军见软的不行，就来硬的：封锁了进山的所有道路，派军队将大山团团围住，要么张弓搭箭乱箭射死，要么干脆放火烧山，连只活蚂蚁都不留。乳母和小王子在山里已经呆了一段时间，一开始还有哥哥送些吃的，自封山以后，就断了来源。乳母只好忍饥挨饿，将仅剩的东西给小王子吃，自己每天靠喝清水充饥。有一天，她带着小王子在树林里寻找野果，被秦军发现。一阵箭雨袭来，说时迟那时快，乳母抱紧小王子，以身挡箭。

乳母身中十二箭而亡，小王子却毫发未损。秦王得到报告后，十分感慨，下令厚葬这位勇敢守信的女子，将她的事迹记录下来，通报全国，号召大家向她学习。同时加封她的兄长为大夫，以示对他们兄妹的褒扬。

韩信将兵，多多益善

◎ 海通剜目护佛

著名的乐山大佛大家都不陌生,它位于岷江、青衣江、大渡河交汇处。1996年被联合国教科文组织列入世界自然与文化遗产名录,是我国古代劳动人民留给这个世界的一笔宝贵遗产。

大佛身靠大山,脚踏激流,建设过程前后经历了90余年,发生了许多感人肺腑的故事。

话说唐朝中期,一个名叫海通的和尚云游来到四川乐山大渡河畔,凌云山下,见前有三江汇流,后有九峰相映,远有峨眉缥缈,真乃人间仙境。于是结草为庐,坐禅修行。然而,残酷的现实让海通和尚根本无法静心修炼——湍急的江水隔三差五就会吞没一条过往船只,许多无辜生命瞬间葬身鱼腹。佛家以救度苍生为本,面对如此凶险,却袖手旁观,焉能修成正果?海通和尚心急如焚,天天鸡鸣即起,诵经念佛,祈求佛祖慈悲,降魔伏怪。如此几年过去了,木鱼敲破了好几只,经书翻破了几十卷,照样于事无补。看来光靠降妖伏魔不管用,需要找到导致船只翻沉的真正原因,才能找到解决的办法。

这天他攀着岩壁慢慢来到凌云山脚。忽见一个浊浪打在岩壁上,浪头退后,一个壮汉躺在水边,手拿钢钎铁锤,气息奄奄。海通和尚忙上前把汉子背到岸上,待他慢慢苏醒过来。得知此人叫石青,是个不错的石匠,他见许多船工兄弟白白送命,决心在石壁上凿一路篙眼,好让他们的竹篙插在眼中,撑住木船,不致撞在石壁上粉身碎骨。石青说:"这三江汇合处的水流太大太急,把山脚下的岩石都冲空了,造成巨大漩涡,稍有不慎船只就会被卷进去。"

海通凝望江水良久,毅然绝然地说:"阿弥陀佛!此谷不填,祸害难除。我要在佛前发下宏愿,在万仞石壁之上凿塑佛像。一可借凿下的岩石填满深谷，二可请我佛日夜守护，安澜镇涛，保佑苍生。"两人一合计，决定海通和尚负责筹集经费，石青负责测量地形，制定计划，物色能工巧匠。

从此，海通和尚又开始了居无定所，食不果腹的云游生活。他一路步行，出四川，下江南，餐风宿露，人走瘦了几圈，脚上的茧子增加了几层，一分一厘不嫌少，半斤八两不嫌多，历时三年，终于筹足了开工的银子。

海通和尚和石青修造大佛的事很快在乐山传开。方圆数十里的百姓，出工的出工，出钱的出钱，纷纷前来相助。凌云山上，一片忙碌，劳动场面十分壮观。石青是现场总指挥，既要保证工程质量，又要保证进度和安全，忙得连家都没时间回。海通和尚看到施主们如此热情高涨，很受鼓舞，又一头扎进了化缘筹资的漫漫长路。

经过几轮寒来暑往，大佛的轮廓渐渐清晰。可就在此时，意想不到的事情发生了：时任乐山行政长官见大佛修得风生水起，既没人给他报告，又没人请他剪彩奠基，完全没把他这个父母官放在眼里，嫉恨之火越燃越旺，于是带了一群衙役去找茬。他气势汹汹地质问海通："大胆和尚，你未经官府许可，擅自修佛，该当何罪？来人，给我锁了！"石青站出来挡在中间说："修大佛是为了减缓水势，兴利除弊，造福百姓，何罪之有？你们要锁，就锁我好了！"百姓围过来，将海通和石青保护起来，那官儿自知理亏，见风使舵说："和尚听着，本官念你是出家之人，可免牢狱之苦。但你等破坏地方风水，得拿白银三万作补偿。"海通面对一群饿狼恶狗，义正词严地说："这银子是无数善男信女布施的，专事修佛造法，不得挪用半文。双目可剜，佛财难给。"

官儿不相信海通会为了修佛挖自己的眼珠，威逼说："那你就把眼珠挖出来看看！"海通二话不说，盘腿坐定，

端起一只铜盘,毫不犹豫地将手指插入自己的眼睛。没等在场的人回过神,两颗血淋淋的眼珠已落入盘中,默默地举到了官儿面前。官儿大惊失色,吓得魂飞魄散,仓皇逃去。

海通剜目后没几年,就圆寂了。临终前,他嘱咐弟子,一定要把大佛建成,平息水患,救护苍生。没多久,石青也去世了,工程因经费短缺停工。10年后,剑南西川节度使章仇兼琼捐赠俸金,海通的弟子领着工匠继续修造大佛。章仇兼琼迁任户部尚书后,工程再陷停顿。又过40年,剑南西川节度使韦皋捐赠俸金继续修建。在三代工匠的努力下,到唐德宗贞元十九年(公元803年),大佛彻底竣工,前后历经90年。

今天,人们在惊叹乐山大佛的雄伟壮观、工艺超群卓越的同时,无不缅怀这位悲悯诚信的海通法师。后人有诗曰:"舍己护款自剜眼,浩然正气天地间。百姓念德立碑传,贪官遗臭万万年。"

中华民族优秀传统
文化故事读本《信》

◎ 情同朱张

朱晖和张堪生在东汉时期，都是河南南阳老乡，张堪比朱晖年长，而且入仕早。两人在官场上名声都很好，但真正认识却很晚。

王莽篡权时，朱晖还是小孩，因为乡间盗匪出没，社会治安很乱，许多人都开始往城里跑，朱晖也跟在大人后面逃难。一天，逃难的队伍被一群土匪拦住去路，喝令大家交出钱财脱下衣服。所有人都吓得趴在地上不敢抬头，连那些大老爷们也恨不得钻进地里躲起来。唯有朱晖站出来，手握一把水果刀，横刀立马说："钱财可以取，妇孺的衣服不能脱，不然，我就跟你们同归于尽。"土匪见一个小孩有如此胆气，深为感动，就放了大家。

这事很快在坊间传开，朱晖渐渐有了名气。之后，他又在南阳灾荒之年，将家里上千旦谷米全部拿出来，分发给乡亲，使大家顺利度过了荒年，让当地官员和百姓对他刮目相看。长大后，朱晖进入仕途。也在朝廷做官的张堪听说他品德高尚、诚实守信后，对他十分仰慕。又打听到同是南阳老乡，就想特别关照他，希望他尽早得到提拔重用，被朱晖婉言谢绝了。张堪不但没有生气，反而更加敬重他。朱晖虽然不想依傍这位朝中大员，但还是打心眼里感激这位素昧平生的老乡。

后来，两人同时到太学学习，终于有缘认识了。由于彼此心仪，见面时早已没有了陌生感，几乎无话不说，就像交往了很久的老朋友。此时，张堪身体出现了疾病征兆，咳嗽、胸闷、四肢无力，吃过许多中药，都没有疗效，他隐隐感到自己将不久于人世。可他年纪并不大，对生命十分留念，特别是对未尽的责任有无尽的歉疚。毕业临别时，张堪向朱晖施礼说："我有一事相托，不知可否？"没等朱

晖回答，张堪接着说："我已疾病缠身，恐怕时日不多了。还望日后对我妻儿多多给予关照。"朱晖见他身体硬朗，脸色红润，又位高权重，即便有三长两短，照顾家眷也轮不到他呀，没当真，拱手回礼就各自打道回府了。

从此两人再也没有见过面。几年后，张堪果然病逝。由于他在位时清正廉洁，为人正直大方，常常周济生活不好的同乡亲友，本来不高的工资根本就没有结余。他这一死，唯一的经济来源断了，妻子儿女随即陷入贫困状态，经常入不敷出。朱晖知道后，立即伸出援助之手，亲自前去探望，给他们送去吃穿等各种物资，还有一些银子，以保证他们的正常生活所需。从此之后，朱晖就把张堪妻子儿女视同一家人，不分彼此，凡自己家有的，他们家也有，凡儿女需要接受教育训练的，张堪的儿女也不例外。

儿子朱颉对父亲的做法很不理解，就问："父亲过去和张家没有来往，更谈不上交情，他死之后怎么对他家人如此关照呢？"朱晖把张堪生前托付妻子儿女的经过讲了，说："只有信得过我他才会这么做，我怎么能辜负他的嘱托啊！"

朱晖的地位越来越高，直至被任命为尚书令。但他的品性没有随着地位的升迁而变化，对张堪遗孤的照顾更加无微不至。由于尚书令是在皇帝身边工作，朱晖有机会在工作上对老家南阳多一些照拂。南阳太守为了感谢他，就给了他儿子一个公务员的职位，并写信请他前去上任。朱晖回信告诉他，自己儿子才疏学浅，尚在鸿蒙之中，不能承担国家事务。与此同时，他向太守推荐了张堪的儿子，说他跟他父亲一样，品行端正，勤学上进，才思敏捷，有远大抱负，可堪重用。太守任命了张堪儿子，而朱晖儿子则不得不在家待业。

朱晖与张堪的故事一代代传下来，成为历史典故，叫"情同朱张"。

◎ 棺材藏银

　　李勉是唐德宗时期的宰相，河南商丘人，自幼苦读经史，崇尚礼仪，学以致用，很小就表现出了沉稳儒雅的君子风度，很受地方上老少好评。他虽是李唐王朝皇室后裔，但家境贫寒，需要勤耕苦作，方能勉强度日。尽管如此，他不贪不占，不取分文不义之财。

　　早年，他在开封一带游学，住在一家路边客栈。晚上，一个同样也是游学的书生前来投宿，两人一见如故，为了节约开支，决定共住一个房间，房费实行AA制。由于共同的追求，两人经常在一起谈论古今，讨论学问，纵横天下大事，憧憬美好未来。他们同时吹灯睡觉，同时起床读书，有不懂的问题就拿出来共同研究，很快成了无话不说的好朋友。

　　有天早上，李勉起床洗漱完毕，却见朋友还在闷头大睡。李勉觉得奇怪，就去叫他，发现他浑身发烫，人事不省。李勉这一惊不小，连忙跑去请来郎中，为他把脉开方，抓药熬汤，小心伺候他服用。又跑去找店家为他熬粥做菜，想方设法让他吃些便于消化的食物。转眼一旬过去了，朋友的病不但没有好转，反而一天天恶化下去。看着日渐消瘦虚弱的朋友，李勉非常着急，又跑到附近百姓家里寻方问药，但凡听说对朋友治疗有帮助的药，不管多贵，他都去药店买，买不到的，就根据当地人的指引，到山上寻找。一天傍晚，李勉挖药回来，直奔朋友床前，想告诉他又找到了一种对他治病有特效的草药。刚站稳，只见朋友面色清爽，像已经痊愈一般。他以为是药物的作用，疾病真的远他而去了，心中一阵狂喜，关切地问："哥哥，看你脸色，是不是感觉好多了？"

　　朋友却有气无力地说："我刚做了个梦，梦见自己被几

个衙役抓走了。这不是好事,现在的状况可能是回光返照。"

李勉连忙安慰说:"哥哥别胡思乱想,你现在的气色比前段时间好多了,只要认真吃药,安心调养,身体渐渐就会好起来。"

朋友说:"你别宽我的心,死我不怕,只是临终前要拜托兄弟一事。请把我床下的小木箱拿出来,帮我打开。"

李勉按照吩咐打开箱子,呈到朋友面前。

朋友指着里面一个包袱说:"这些日子,多亏你无微不至的照顾。这是一百两银子,除去这些日子的生活用度等一应开销,请在我死后替我置办一只棺材,将我安葬,其余的都奉送给你,作为你读书考试的用资。请千万不要推辞,不然我在九泉之下也不会安宁。"

李勉听得满脸泪水,为了使朋友安心休息,他点头答应了。第二天清晨,朋友真的去世了。李勉遵照他的遗嘱,一边托人为他家里送信,一边置办棺材,料理他的后事。至于剩下的银子,他一文也没动,原原本本地包好,悄悄放在棺材下面。

不久,朋友的家人接到报丧的书信后赶来。他们移出棺材后,发现了藏在下面的银子,都很惊讶。在得知银子的来历后,被李勉诚实守信的高尚之举深深感动。

这种品质陪伴了李勉一生。入仕后,所到之处,深得当地官民拥戴。公元769年,李勉被任命为广州刺史兼岭南节度观察使。在位六年,所用的办公室,办公用品,居住的官舍,出行的车辆等一切物品,全都是前任所留,没有更换一件新的,没有进行半点装饰翻修。连官服也是前任穿过的。离任搬家时,李勉发现家人不知什么时候背着他收藏了几件犀牛角象牙,十分生气,毫不犹豫地把它们全部扔进了珠江里。当地官民得知他的行期,自发相送,狭窄的码头上万人攒动,非常壮观。为了让后人记住他的高尚情操,广州士绅专门捐款,为他立碑颂德。

◎ 梁国志教子

梁国志生在清朝乾隆年间，家里特别穷，经常吃了上顿无下顿，不到十岁，父亲就让他辍学回家，或者去城里做学徒，或者就在镇子上做点小买卖，承担起养家糊口的担子。梁国志不仅聪明好学，又懂事识大体，他恳求父亲让他继续读书，家里劈材担水割草扫地等家务一样不耽误。街坊四邻虽然也不富裕，但都愿意资助他完成学业。

梁国志父亲见大家如此，也不好再坚持，同意他重新回到学校。梁国志不负众望，白天除了上课，就是干家务，到地里帮父亲耕田种地，到晚上等一家人都睡了，才在油灯下安静地温习功课，困了就用凉水洗脸，冷了就原地蹦跳一阵。就这样，把学业坚持了下来。

后来，梁国志开始为朝廷服务。不管在外地任上，还是在京城供事，也不管职位重要与否，他时刻不忘自己是如何走到今天的，非常珍惜获得的每一次机会，总是谨小慎微，尽心竭力为百姓办事，不贪不占，轻车简从，生活简朴，凡是答应了百姓的事情，一定办到，从不食言，很受大家尊敬。他还经常把节约下来的银钱寄回家乡，接济那些生活贫困的乡亲，报答他们的养育之恩。

梁国志的人品学问和职业精神不但在百姓中好评如潮，也得到了同僚们的一致认可。他擅长书画，一有闲暇，就铺开纸墨，挥毫作画，很多人都以能得到他的墨宝为荣，当做宝贝收藏起来，偶尔拿出来品味半天。梁国志的儿子受他熏陶感染，从小也对书画有浓厚的兴趣，而且表现出了较好的禀赋，经常拿着习作让父亲指点。

一天，儿子又拿着刚临的一幅作品来找父亲。梁国志觉得是到跟他聊一聊的时候了，就让他坐下来，语重心长地对他说："人品就是艺品。学作画之前，要先学会做人，没有优秀的人格永远也成不了优秀的书画家。"儿子很疑惑。梁国志接着说："一个真正的画家，是用心在画，而不是用笔在画。如果你是一个诚实、正直的君子，你的画也就会充满正气，让人一看就会获得一种力量，一种启发和鼓舞，使内心得到净化，得到美的滋养和享受。"儿子还是不太明白，懵懵懂懂地看着他。于是梁国志给他讲了宋朝大奸臣秦桧的故事。

他说："秦桧也是状元出生，是个很有才华的人，书法是相当的好。可他品行十分恶劣，工于心计，巧言令色，一肚子坏水，不单陷害忠良，整死了忠心报国的岳飞，还将大宋江山葬送了。随之而来的老百姓流离失所，国家陷于战乱之中。他死了以后，人们一提到他的名字就恨得咬牙切齿，给他塑了尊像跪在岳飞墓前，谁见了都会朝他身上吐唾沫。他留在世上的书法作品，没有人愿意收藏，认为会给人带来灾难。即便过去收藏了的，不是撕毁后扔进粪坑，就是一把火把它烧掉，总之，眼不见为净。爱屋及乌，恨屋也及乌。人们讨厌他的作品，其实更是讨厌他这个人。"儿子点点头逐渐明白了。

梁国志又说："诚实守信是做人最基本的要求，不说谎话、不食言，说到做到，才能光明磊落地做人。"梁国志不但给儿子讲道理，还身体力行，用自己的一言一行做儿子的表率，在潜移默化中使他感受诚信的意义和作用，影响他的人生。儿子谨记父亲的教导，一生坚守诚信的品格，成了受人尊敬的著名画家。

◎ 太史冒死直书

中国史官制度起源于商周时期，叫"作册"或"内史"。春秋时把史官分为"大史、小史、内史、外史、左史、右史"六类，具体职责是：大史掌国之六典，小史掌邦国之志，内史掌书王命，外史掌书使乎四方，左史记言，右史记事。秦朝统一叫太史令，汉代统一叫太史公。中国古代史官一直有"秉笔直书"的优良传统，是后世史官竞相继承的品藻和史德。所谓"秉笔直书"，就是"不掩恶，不虚美，书之有益于褒贬，不书无损于劝诫"。对帝王们的一言一行，不管好坏，都要"直书其事"，命可以不要，真相不能随意涂抹。

话说公元前548年，齐国大夫崔杼在家里安排了一桌酒席，邀请国君齐庄公去吃饭。齐庄公没想到里面有危险，高高兴兴去了，结果一去不复返，被崔杼早就安排好的刀斧手砍成了几大块。好在心怀叵测的崔杼有所顾忌，没有直接登基做国君，而是拥立了齐庄公的幼弟为新君，自己给自己封了个左丞相。崔杼的意图十分明显，垂帘听政，掌控天下，只要有小学文化程度的人都看得出来。为了让百官臣服，听命于自己，崔杼绞尽脑汁，威逼利诱，采取胡萝卜加大棒的手段，连拉带打，还在太庙玩了一回歃血为誓的把戏，与百官结成生死弟兄，共同辅佐新君。刀剑之下，又面对连国君都敢杀的混世魔王，哪个敢说一个不字？

道高一尺魔高一丈。有几个人让崔杼很不踏实，甚至到了寝食难安的地步&他们就是史官。崔杼害怕自己弑君一事被他们如实地记录下来，传于后世。那样，他就臭名昭著遗臭万年了。思来想去，他决定把史官找来，让他们按照自己的授意记录，如有不同意见，格杀勿论。于是，

他召太史伯觐见,告诉他齐庄公是因病而死,并非外界传言是他所为。

没想到太史伯根本不吃那一套。当崔杼把意思告诉他后,他二话没说,拿起竹简便写了"崔杼弑其君"几个大字。崔杼万万没想到太史伯会如此强硬,刚要发火,又立即强装笑脸劝道:"你想清楚了,如果按照我说的去做,你会有享不尽的荣华富贵。即使你不考虑自己,也得考虑你的妻子和孩子啊。"

太史伯毫不畏惧地说:"怎么处置我,是你的权利;如何真实地记录历史,是我的责任。自古以来,秉笔直书就是做太史的基本操守。我不能因为贪生怕死,贪恋荣华就放弃了节操。"

崔杼没想到还真有不怕死的,气得血往上涌,气往下落,拍案怒斥道:"你以为我真的不敢杀你吗?"

太史伯依旧不卑不亢,平静地说:"你连君王都敢杀,何况我一个小小的太史呢?"

在齐国,还没有人敢挑战崔杼的权威。他当即派刀斧手将太史伯拉出去斩了。崔杼杀一儆百,心想这回他的弟弟应该吸取教训,乖乖地按照自己的意图行事了吧?他下令把太史伯二弟招来,结果二弟三弟都来了。他们一进门,崔杼就要求将齐庄公死亡原因记载为因疾而亡。二弟知道哥哥已被杀,但毫无惧色,义正辞言地告诉崔杼自己也会据实记载,然后就自尽了。

三弟将写着同样内容的竹简递给崔杼,他没接,却说:"你两个哥哥都死了,你若按我的话去做,可免一死。"三弟说:"身为太史,我不会违背职业道德欺瞒后世,你还是杀了我吧。"

崔杼颓然坐在地上,再也没有杀死太史的勇气了。他弑君的事情被如实地载入了史书。

◎ 四知堂由来

"四知"最早为"天知、神知、我知、子知",后来改为"天知、地知、你知、我知"。关于它的来历,《后汉书》里有完整的记载。

话说东汉时期弘农华阴(今陕西华阴),出了个杨震。他自幼好学,博览群书,通晓经籍,被大伙称为:"关西孔子杨伯起(子伯起)。"他喜欢田园生活,一边耕耘劳作,一边吟诗作赋,怡然自乐。直到五十岁那年,受大将军邓骘反复邀请,才步入仕途,出任荆州刺史。公元108年(东汉永初二年)春,杨震调任山东东莱太守,路过昌邑县。事情很凑巧,时任昌邑县县令王密是杨震在荆州刺史任上荐举的官员,听说恩公到来,便准备了黄金十斤,趁着夜色,悄悄前去拜访。一则是对杨震过去的举荐表示感谢,二则是想请这位老上级以后多加关照。没想到却遭到了杨震的当面拒绝。他说:"我了解你,你却不了解我啊。"王密以为杨震是装客套,先是半推半就,最终还是要收下的,便说:"有夜幕遮掩,没有人看见。"杨震不高兴了,拉下脸说:"天知、神知、我知、子知,何谓无知?"王密既羞愧又敬佩,只得带着黄金离开。

"四知"遂成为千古美谈。后来,杨震后人从事中医事业,便以此为堂号,并提炼了"修合无人见,存心有天知"的四知堂精神。

◎明山宾卖牛退钱

明山宾是南北朝时期南朝梁人。他的父亲僧绍,很有学问,但一直隐居乡野,不愿意外出做官。因此,家庭经济完全依靠一点薄地收成,生活十分拮据。明山宾自幼受父亲熏陶,耳闻目染,十分喜欢读书,七岁就能言名理,十三岁博通经传,一看就是一棵大有希望的好苗子。就在这时,不幸敲响了他们家的门,父亲被病魔带走了。父亲的去世使本来就捉襟见肘的生活更加窘迫,家里开始出现断粮的现象了。

明山宾想了很多办法,也没有解决根本问题,琢磨来琢磨去,他只能在父亲留下的那头牛身上打主意了。转眼春天来到,正值青黄不接,家里实在揭不开锅了,明山宾狠狠心,把牛牵到了集市上。虽然他的牛跟那些又壮又肥的牛相比显得瘦骨嶙峋,跟一架风车似的,但价钱便宜,牙口又轻,还是很快就卖掉了。他拿着卖牛得来的钱准备去米市买些粮食,刚走了几步,忽然想起牛以前得过蹄疾,尽管经过精心治疗已经痊愈,可如果不注意,过分劳累或居住的地方过于潮湿,蹄疾还会复发。他想了想,觉得很有必要把这一情况跟新主人说清楚。于是,明山宾返回去,找到也打算回家的买牛人,一五一十地把原委给他说了。买牛人听了,说既然如此,你应该少要一些钱才对。明山宾想想有道理,就退还了买主一部分钱。此事传开后,受到了当地官员百姓的高度赞扬,认为他的行为对引导当地民风非常有益。

后来,明山宾出任国子博士,在训导之余,著书立说,有《吉礼仪注》二百二十四卷,《礼仪》二十卷,《孝经丧礼服义》十五卷。

◎ 自助米店

唐朝的时候，在安徽省淮南市李家，降生了个男孩，取名李珏。他父亲开了家米店，专门从事粮食买卖。每年秋收时把稻谷买进，加工成米后，再出售给四乡八里的百姓。米店利润虽薄，但在李家人的辛勤打理，勤俭操持下，日子过得倒也不坏。

李珏四岁发蒙，在附近学馆读经史子集。下学之后，便到米店玩耍，偶尔帮着打扫卫生，或将遗撒在地上的米粒捡起来归入仓中。如遇童叟老妪体力不支，他会力所能及地扶一把，送一程。遇到顾客不慎把钱物丢失在店里，知道住址的，他就当即送还，免得人家着急；不知道地址的，他就收起来保管好，等待失主随时认领，从不欺瞒，顾客们十分满意，父亲也暗自高兴。李珏十五岁时，父亲要远足他乡，把米店的生意交由他来经营。

李珏接手米店后，给自己定了两条规矩：无论买粮还是卖粮，都把升或斗交给客户，让他们自己量，自己报数；无论米价如何变化，无论丰年荒年，每斗米只赚两文钱的利润。一开始，家里人对他的做法非常担心，认为这样迟早会把父亲经年积攒的家业毁掉，因为总有一些不诚实的人，会乘他不注意，少卖多报或多买少报。李珏安慰家里人说，将心换心，我这样对待大家，大家也会这样对待我的。期间的确发生过一次买米的人多量少报的事，但当即就被旁人揭穿了，那人在众目睽睽之下羞愧难当，灰溜溜地走了，再也没有在李珏的米店出现过。

淮南位于长江三角洲腹地，淮河之滨，土地肥沃，农业生产具有悠久的历史，同时由于受淮河水患的影响，也是个洪灾频发的地区。即便是在最不景气的年份，农民都愿意把所剩不多的余粮卖给李珏的米店。经年累月，其他

米店开了又关,关了又开,跌宕起伏,走马灯似的更换着主人和名号,唯有李珏的自助米店始终如一,生意兴隆,顾客盈门。李家人的生活也蒸蒸日上,丰衣足食,深受当地人敬重。父亲远足归来,见此情景,高兴之余又很忐忑,疑心他玩了坑蒙拐骗的花招。他以实相答。父亲释然,说:"一般米店,都是大斗买进,小斗卖出。我是进出同用一斗,已算不错了。你却把升斗交人自量,你比我强。"

一个同样叫李珏的朝廷命官出任淮南节度使。他听说自助米店的事迹后,将信将疑,决定亲自考察一番。他化装成买米人前去买米,果然跟日常听到的不差分毫。他又化装成卖粮人,也是如此。他恢复官身到米店拜访李珏说:"你任人自行量米,多年如一日,看是小事,实是难为。这不是一般人能做得到的。你为淮南官民树立了典范。我要奏明朝廷,嘉勉你,昭示天下向你学习!"

中华民族优秀传统
文化故事读本《信》

◎ 唐太宗弑兄篡位

唐太宗李世民是中国历史上不多见的，卓越的政治家。纵观他的政治生涯，最成功的秘诀不外就是：广开言路。

事实上，李世民并不是法理意义上的皇帝继承人，而且，对于唐朝的建立，也不是最主要的策划者，其在军中的威信，所建功勋，在战争中所显现的能力才干，都远在哥哥李建成之下。公元626年7月2日清晨，当他率领全副武装的家将和私下招募的八百名敢死队员，将前来早朝的哥哥李建成，弟弟李元吉杀害，并在随后将其孩子们也一并诛杀后，他心里也曾有过忐忑不安。

因此，李世民非常关注历史对这件事的记录。有一天，他突然问谏议大夫褚遂良："你管理我的起居，记录我的言行，可以让我看看吗？"

褚遂良答回答说："史官记录人君的言行，善恶皆录。这是对史官的要求，也是对人君言行的制约，是不能看的。"

李世民又问："那么我做了坏事，你也记录吗？"

褚遂良答道："这是我的职责，不敢不记，更不敢乱记。"

一旁的黄门侍郎刘洎接过话说："即使褚遂良不记，天下的人也会记住的。"

李世民点头称是。

表面上，李世民似乎已经认可了史官的说法，也明白在儒家理论中对君主确有这样的要求，但他实在太想知道史官关于他杀兄夺位的记载了。他心存侥幸，又找了个机会问宰相房玄龄："历代史官所记，为何都不让人君自己观看？"

房玄龄回答说："史官的工作是不虚美，不隐恶，人君看了如实的记载，肯定要生气，轻则打屁股，重则砍脑壳，所以不敢呈献。"

李世民说："观史可以知兴替。我的用意与前朝帝王们不同。我观国史，是以前日之恶，为后来之戒。"

谏议大夫朱子奢回答说："陛下圣明，于事无失。但如果此例一开，后世做皇帝的子孙饰非护短，史官这个工作就没法干了。"

李世民不好再问，但要看那段历史记录的欲望并没有消退。有一天他终于忍不住了，就把史官叫来要亲自查看。史官很为难，犹豫再三，最终还是在李世民的一再保证下将记录呈上，白纸黑字：上面书写着太宗"弑兄篡位"。李世民黯然神伤。一位大臣小心翼翼地试探问："要不要改一下？"李世民仰天长叹一声说："据实而载。"

于是历史成了这样：626年夏天的早晨，在首都长安发生了震惊中外的玄武门兵变。兵变领袖李世民亲手杀死了同胞兄弟李建成和李元吉，还有很多无辜的生命也在兵变中遇难。时任皇帝李渊被迫让位，成了"太上皇"。

◎ 常何不贪功

唐朝贞观五年（公元631年），时任皇帝李世民接连收到各地快报，天下大旱，赤地千里，禾苗枯萎，一些地方开始出现饥荒和流民！

在古代社会里，由于缺乏科学认知，常常把自然灾害说成是上天对君主实施暴政或弊政的惩罚，因此，在汉语中，"天怒人怨"这个成语就应运而生了。聪明的李世民也没逃脱这个认知的局限，心情沉重，坐立不安，不断反省自己究竟在哪些地方出了问题。当然，他是一个很会想办法的人。他准备广开言路，集天下智慧，纳治国良方。他诏令文武百官上书议事，对皇帝本人和朝廷的工作大胆展开讨论，既找问题也给办法，以便革故鼎新，让黎民百姓安享太平。

诏令公布后，文武百官积极响应，纷纷奏章上表，向朝廷建言献策。李世民是个勤奋的官员，彻夜御览，时常为部属们的忠心为国和真知灼见而感动。

在众多奏章中，中郎将常何的报告引起了李世民的关注。只见它字迹潇洒刚劲，观点新颖犀利，论据条清理晰，解决问题的办法切实可行，其中，光批评建议就罗列了二十余条，极具参考价值。李世民越看越兴奋，越看越激动，禁不住从椅子上站起来，仰望窗外的星空，自言自语地说，这简直就是一剂治国良方啊！兴奋之余，他感觉有点不对劲：这个常何是一介武夫，说舞枪弄刀，排兵布阵，冲锋呐喊还过得去，怎么突然就变得文质彬彬，研究起治国安邦之策了？而且看来成效还蛮显著。

李世民想来想去也没想出个头绪，决定亲自会会他。第二天一早，常何接到通知，让他立即进殿觐见皇上。常何不知道发生了什么事，心在肚子里砰砰直跳。因为像他这样级别的军官,是很少有机会目睹天子真颜的,是祸是福不得而知。

李世民见了常何就问:"常爱卿,你的奏章写得很好,很有见地。不过,你什么时候就耍起笔杆子了?而且文字俊秀飘逸,文章练达清雅。"

常何一听是奏章的事,长长地舒了口气,拱手拜道:"回皇上,臣乃武夫,胸无点墨,别说写那么长的文章,连自己名字都写得七歪八扭,哪有那个本事。这奏章是我的门客马周写的。"

李世民是个爱才之人,听常何这一说,接过话:"把事情说详细点,我对他开始感兴趣了。"

常何给李世民介绍说,马周是山东省清河县人,幼时父母双亡,孤苦伶仃。他好学上进,苦读经史,加上天资聪颖,不到二十岁就已是满腹经纶了。他出仕后,当过一阵低级职员,但很不开心,认为是大材小用,整天不务正业,经常跑到酒店喝得醉醺醺的,多次受到领导的严厉责骂。马周一怒之下挂冠离职,来到长安城,过起了流浪生活。卑职在街上巡逻时碰到他,蓬头垢面,十分可怜。得知他有几把刷子后就收留他做了门客。前些天,他见我愁眉不展,就问发生了什么事,我将陛下下诏广纳意见建议的事说了,他很兴奋的样子,熬了个通宵,第二天一早,就把这份奏章交到了我手里。"

李世民点点头问:"你说的都是实情?"

常何说:"不敢有一句虚言,更不敢贪天之功。"

李世民表扬了常何一通,随即吩咐他通知马周立即进殿。李世民见到马周后,问了他许多治国理政的问题,马周都对答如流,同时还对他没有问到的领域也提出了许多工作建议,深受李世民赏识,当即任命他为门下省干部,接受锻炼。后来,马周成为著名宰相,为贞观之治作出了突出贡献。

中华民族优秀传统
文化故事读本《信》

◎铃医的华丽转身

"炮制虽繁必不敢省人工，品味虽贵必不敢减物力"。这是同仁堂第二代传人乐凤鸣在其编撰的《乐氏世代祖传丸散膏丹下料配方》中留下的遗训，也是几百年来同仁堂人严格遵循的制药原则。如今，它已成为同仁堂的精神内核和品质信誉保证。

选用药材，同仁堂一直有"取其地，采其时"的原则。人参必用东北吉林的，蜂蜜必用河北兴隆的，白芍必用浙江东阳的，大黄必用青海西宁的，山药必用河南光山的，枸杞必用宁夏的。处方规定的16头人参，就决不能用32头人参取代"。这就是"品味虽贵必不敢减物力"！

药材的加工炮制，同仁堂更是苛刻：黄连，必须一根根地去掉须根；远志，必须人工去除有副作用的芯；为了让药品口感更佳，同仁堂一直坚持使用80目的萝过筛；为了保证紫雪丹的效力，一直坚持使用"金锅银铲"等。这就是"炮制虽繁必不敢省人工"！

唯其这样的坚守和传承，才使同仁堂成为历史悠久，享誉全球的中国品牌。

同仁堂的前身是乐家老铺。大约明朝时期，在江浙一带的乡村，经常可以看到一位走村串户的老郎中，他穿布鞋披布衣，问医、行医、卖药。老郎中跟村人相处很融洽，既治病救人，又谈天说地，人们都亲切地他称"乐家老郎中"。到３１代后，乐家开始有人迁往北京，从事行医卖药的工作。起初，他们都是"铃医"。这个称号是老百姓给的，专指那些手里拿个铃铛，肩上背个布包，靠走街串巷行医卖药为生的人。他们的医术和药方通常有验、便、廉的特点。乐家从民间铃医转变为正统中医，始于乐廷松。乐廷松除了继续像父辈那样走街串巷外，为了适应城市行

医要求,转而专注于中医经典理论和方药著作的学习。经过三代人的艰苦努力,乐家老铺在北京城渐渐有了些名气。到第四代乐显扬,成了清朝太医院的吏目,也就是掌管御医的高级医官,终于走完了从铃医到正统中医药转变的艰难历程。

康熙八年(1669年),乐显扬创办了同仁堂药室。"同仁"一词源于《易经》,意思是和同于人,宽广无私,无论亲疏远近一视同仁之意。

其实,对药材质量苛刻的要求,工序繁复而增加的成本,连同仁堂一些新来的员工都很不理解:药材取自何时何地,有谁知道?多一个头少一根须,真的有那么严重吗?炮制过程省一道工序,甚至换一种设备,药效就会降低吗?每遇此时,老同仁堂人都会告诉他们一句话:修合无人见,存心有天知。

◎陈策追骡子

宋朝时期,在建昌(今江西南昌),有个布商叫陈策,因为生意不错,他打算再添置一匹骡子。这天,他来到集市,看见一匹骡子毛色发亮,高大壮实,精气神十足,走起路来行云流水,轻捷如疾风,稳健如山移。他一眼就认定是一头好畜生。经过简短的讨价还价,陈策买下了这匹骡子。

谁曾想,这家伙就是一只花瓶,中看不中用。第一次用它往铺子里运送布匹时,伙计刚把马鞍架上去,这畜生就暴怒起来,上蹿下跳,直到把鞍摔在地上,才渐渐平静下来,把几个搬运货物的伙计吓得不轻。陈策得到消息后亲自察看,又试了几次,结果都一样。围观的人议论纷纷,说这是一头伤鞍的骡子,原来的主人没训练好,现在已经成年,没有办法改变了。可骡子不能负重,不就跟废物一样吗?又不能当宠物养。一位邻居建议说:"这有何难,赶到集市卖了就是。"

陈策觉得这不是一个好主意。自己已经上当受骗了,还要叫别人也上当受骗吗?这不是他做人的原则。他把伙计叫到跟前,交代说:"城外有一间闲置的老屋,把骡子牵到那里,让看门的老人每天给它草料和水,等它慢慢地老死吧。"陈策的儿子对父亲的做法不以为然,买骡子花那么多钱就不说了,还要花钱养着,也是一笔不小的开销啊。与其这样,还不如哪怕是贱卖,好歹能挽回一些损失。主意一定,他背着父亲找到一位经纪人,一五一十跟他说了,讲妥只要卖掉,两人二一添作五,把钱一分,齐活。经纪人从来没有拿过这么高的抽头,当然积极性高涨。

经纪人在集市寻找机会。一天,一个路过的官人到市场买马,经纪人瞅准时机,把骡子好好地吹捧了一番:这

畜生如何健壮，如何有耐力，脾气如何好……天花乱坠，简直跟一朵花一样。他话锋一转，接着说："就是最近驮东西负了点伤，把背磨破了。主人要出门采购一批货，手头短点钱，急着把它卖了，你要不要看看？"官人过去一看，的确如他所说，是一匹不错的骡子，而且价钱也合适。他把目光落在骡子背部的伤口上，心疼地伸手捋着它油光水滑的鬃毛。他不知道伤口是经纪人找人故意弄的，只知道伤口已开始结痂了，要不了几天就会好的，反正他也不急着使用。官人掏钱买下了骡子。

过了两天，陈策从家人嘴里知道了这件事。他非常生气地把儿子训斥了一顿，然后遍访官人行踪。当他得知官人已经离开本城，向东而去后，立即骑上马，沿官道追赶。两天后，他追上了官人和那匹骡子。他走近前，向官人行礼说："大人，非常对不起，这是一匹伤鞍的骡子，不能负重，你把它还给我吧，钱我如数奉还。"

官人疑心他怨儿子卖便宜了，要反悔，就说："既然买下了就是我的，伤不伤鞍跟你已经没有关系了。"

陈策着急地解下自己的马鞍，递给官人说："我没有哄你，要不你试试。"

官人断然拒绝说："不用试。"

陈策叹口气，无奈地说："既然如此，我只能回去了。等你什么时候知道骡子有毛病，把它退回来，我什么时候把钱退还给你。"

又过了几天，官人返回了建昌。他找到陈策羞愧地说："我不是来讨还银两的，是来谢罪的。你至诚待我，我却以小人之心度君子之腹，真是惭愧呀！"

◎ 刘廷士守信娶盲女

这天刘家庄非常热闹，新科进士刘廷士荣归故里，迎娶本村最漂亮的姑娘梅芝为妻。美中不足的是，梅芝姑娘是个盲女。事情传开后，山东地方官员对刘廷士的举动深感佩服，亲自备了礼品前来祝贺，并号召本省官民向他学习。

事情还得从头说起。刘廷士跟梅芝同村，虽不是青梅竹马，但也彼此知根知底。两家一东一西，都是勤耕苦做的农民，踏实本分勤劳是他们追求的生活品质。刘廷士从小在村里学馆读书，闲暇时帮父母做农活，因此，除了学习好，身体也锻炼得不错，到十八九时已经是典型帅气的山东大汉了。梅芝也下地干农活，学女红，描红绣朵，样样精通，人也出落得亭亭玉立，温婉如玉。一男一女，在村里都有极好的口碑。

后来在好心人撮合之下，两个人订了婚约，但由于刘廷士要上京赶考，并没有进行聘礼仪式。刘廷士也就安心进京考试去了。两个月后，从京城传来消息，刘廷士中了进士。梅芝爹第一时间告诉她说："你以后就是进士夫人了！"从那天起，梅芝常常站在村口的那棵柳树下，望着那条通向京城的大路，等待着那个朝思暮想的身影出现。

又过了半个月，爹苦着脸带回来消息说："听人讲，刘廷士因为才貌出众，被京城里的官员看上了要拿来做女婿，恐怕是……"梅芝咬着嘴唇喃喃地说："难怪他迟迟不归。"第二天，梅芝病了，再后来双眼就失明了。

刘廷士忙完在京城的应酬，兴匆匆地赶回家乡，一进门就向爹娘询问梅芝的情况。当得知因他而病，因他而盲后，如五雷轰顶，衣锦还乡的激动一扫而光。他把自己关在书房里，几天都没出门。母亲知道他的心事，也不好打

搅。这天中午,母亲实在忍不住了说:"儿啊,梅芝的眼睛瞎了,说跟我们有关系,也有关系,说跟我们没关系,也没关系。我看还是把亲事退了吧?反正我们没下聘礼,也不理亏。"刘廷士摇头说:"娘,这两天我想了很多,我还是要娶她。"

娘不安地看着他说:"你可要想清楚。你会跟一个瞎子过一辈子吗?今后你是要外出做官的,怎么能娶一个瞎子做夫人呢?"刘廷士说:"如果我不在京城耽搁,没有那些谣言,或许她就不会生病,更不会眼瞎。"母亲无奈,只好依了他。

刘廷士跟梅芝结婚不久,就带着她上任去了。他们恩恩爱爱,一起度过了幸福的一生。

点评

对于一个人而言,只有懂得何为信义,才会赢得他人的尊重,才会为事业成功创造条件;同样,对于一个国家而言,只有知道"信义"乃是立国的根基,知道要取信于民,才能强国富民。反之,一个不守信义的人和国家,最终的结果或者是身败名裂,或者是遭遇亡国的厄运。

◎ 韩康卖药

韩康是东汉时期长安霸陵人，从小饱读诗书，满腹经纶，但他不为功名，不求利禄，住在小胡同里，草鞋布衣，油盐柴米，以行医卖药糊口。他采药的地方是终南山，什么药应该在什么季节什么气候条件下采，都严格按药典的要求进行，因此，药效都非常灵验。在长安的集市上，只要告诉他病情，他就会把对症的药卖给你，保证药到病除。不过，他有个怪异的习惯，就是一口价，如果买药人讨价还价，他就干脆不卖了。

渐渐地，韩康在长安城里出了名。大家都知道他的药好，见效快；价格公道，说一不二；人品高尚，老幼无欺。四面八方来找他买药的人越来越多，韩康也没有搞"洛阳纸贵"那一套，依旧是原来的价格，卖完了就收摊。这样坚持了三十年，直到有一次，一个路过长安的外乡人偶感风寒，经过韩康的药摊时向他买药。韩康说了价钱，那人好说歹说，非要韩康压压价，韩康不肯。那人生气了说："金子都是可以讲价的，你这药难道比金子还贵重吗？听说你们长安城中有个韩康，卖药就不许别人讲价钱，什么道理？"韩康摇摇头，觉得无话可说。于是收拾布囊，告别长安，回到老家霸陵山中隐居起来。

韩康人走了，名声却永远留在了长安。

点评

用现在的眼光看，韩康算是个"怪人"：读了很多书，却不愿出仕做官；精通医药，却不为了赚钱。一生追求，一粥一饭，一床一被而已，闲云野鹤，怡然自得。

◎ 赵盾弑君

春秋时晋国襄公逝世，其子灵公继位，因为年幼，由赵盾辅政。十四年后，晋灵公长大，开始想方设法摆脱赵盾的束缚。在宠臣屠岸贾的教唆引诱下，晋灵公吃喝玩乐，骄奢淫逸，不理国事，逐渐丧失了一个国君的节操。

有一天，他百无聊赖，在宫墙上看见街上老百姓熙熙攘攘，便突发奇想，命人用弹弓向人群发射弹丸。街上顿时一片混乱，有人捂着眼睛，有人捂着耳朵，有人抱着脑袋，哭爹喊娘，四下溃逃，俨然一幅天塌地陷的世界末日。晋灵公见状，笑得前仰后合，连叫："好玩好玩！"

赵盾觉得他玩得太出格，找他谈心。晋灵公不但没听进去，还觉得赵盾这老头碍事，烦人。屠岸贾借机进言说："我家有个大力士叫鉏麑，派他去干掉那老头算了。"晋灵公觉得这是个一劳永逸的好办法，说："好，你向他传我的话，不弄死这老家伙就别回来！"当晚后半夜，鉏麑潜入赵家院子。天色刚发白，赵盾就起床了，等待上朝。鉏麑在暗地里一瞧，只见赵盾家里陈设简陋，跟平常百姓一样，一点相国的排场都没有。他为晋国有这样的大臣而感动，怎么也不忍心下手。经过激烈的内心挣扎，他决定自杀。临死前，他朝屋里大喊："相国，我是来行刺你的，可我下不了手。以后可能还会有人来，你要多加小心呐！"说完，一头撞死在一棵大树上。

屠岸贾不甘心，又跟晋灵公策划了请赵盾进宫赴宴，埋下伏兵的圈套。赵盾险些上当，好在卫士提弥明及时提醒，赶紧脱身，才没有成为他们的瓮中之鳖。提弥明在掩护赵盾撤退中被杀。赵盾在儿子赵朔和武士灵辄的帮助下，逃出了城门。

赵盾出城时，刚好碰上堂弟赵穿。他是晋灵公的姐夫，

当得知事件真相后,非常气愤,决心把这个昏君给杀掉了。赵盾没有劝阻。

赵穿先设法把屠岸贾派到外地出差,然后在陪晋灵公喝酒赏景时,历数他的种种罪行,命令忠于国家的武士将他杀死。赵盾得知消息后返回国都,拥立晋灵公的叔叔为国君,这就是晋成公。

赵盾重登相位后,想知道史官是如何记录这段争斗的,就把太史令董狐找来。董狐把大事记给他看了,上面写着"秋七月,赵盾弑其君"。赵盾十分生气,将竹简一摔,对董狐说:"晋灵公的死跟我有何干?当时我都不在朝中,你怎么能这样写呢?这也太不负责任了。"董狐不慌不忙地回答说:"你那时虽不在国都,却并没有出境;你现在身居相位,却从没追究过弑君之人的罪刑;因此,如果说你不是这件事的主谋,谁相信呢?"赵盾一听,觉得有道理,而且,从赵穿计划弑君到真正实施,他有很多机会可以阻止,但他没有这样做,也构成了事实上的怂恿放任!为了挽回点面子,赵盾说:"你还是修改一下吧,这样对大家都好。"董狐平静地说:"作为一个史官,我的职责就是真实地记录历史,黑就是黑,白就是白,否则就是对后世的欺骗。你要我篡改历史,这是不可能的。丢脑袋是件小事,丢了作为一个史官应有的节操,就是大事了。"听了董狐的一番话,赵盾被打动了,说:"好吧,就这样。"

赵盾再也没有为难过董狐。

◎ 强项令的硬脖子

汉光武帝时，首都洛阳社会治安十分混乱，老百姓毫无安全感。尤其是一些皇亲国戚、达官显贵的子弟和奴仆，仗势欺人，横行街市，飞扬跋扈。洛阳令走马灯一样更换，依然乱糟糟的毫无头绪。光武帝刘秀万般无奈，决定任命已过退休年龄的董宣做洛阳令。

湖阳公主是光武帝刘秀的姐姐，一位典型的"暴发户"。别说一般官员进不了她的法眼，就连皇帝，她也敢顶撞。她圈养着一帮凶狠的家奴，在洛阳横行霸道，为非作歹，干了不少坏事。董宣上任没几天就接到报告，湖阳公主的家奴在光天化日下杀了人。董宣二话没说立即下令抓人，可这个恶奴躲在公主的府第里不出来。董宣派出暗探严密监视，只要恶奴一露头就抓。

湖阳公主根本不相信小小洛阳令敢在她头上动土，大张旗鼓地带着杀人恶奴逛街。董宣得知，立即带人赶过去，拦住公主的马车。湖阳公主听说过董宣，但真正跟这个白胡子老头打交道还是第一次。她详装不知问："什么人？敢拦住我的座驾？"董宣不卑不亢施礼说："洛阳县令董宣，请公主交出杀人犯！"湖阳公主是骄横惯了的，见董宣毫无惧色，很不痛快，厉声喝道："你长几个脑袋，敢抓我的人？打狗还得看主人，走开，别挡我的道！"

她万万没想到，这位白胡子老头一点面子都不给。只见他怒目圆睁，猛地从腰间拔出利剑，向地下一插，厉声责问："王子犯法与庶民同罪，何况一个家奴！你身为皇亲，却带头败坏国法，刘家天下拿什么来治理？"湖阳公主被震慑了，目瞪口呆，不知所措。吏卒们一拥而上，将恶奴拖下车，就地正法。

湖阳公主感到受了奇耻大辱，哭闹着要刘秀杀了董宣

替她出出这口恶气。光武帝也觉得董宣太不给面子了,当即下令把董宣捉来治罪。

董宣已置生死度外,带上殿后,他对光武帝叩头说:"请允许我先说一句话再死吧!"光武帝不耐烦地说:"说是死,不说也是死。"董宣说:"我还是说吧。陛下圣明,陛下一再强调要用文教和法律来治理国家,公主在京城纵奴杀人,闹得百姓人人自危,鸡犬不宁。陛下你不但不管教,反而要将按律执法的官员置于死地,这事传出去,老百姓怎么信任你?官员们怎么信任你?汉室江山今后靠什么来治理?要我死简单,用不着捶打,我自寻一死就是了。"说着,便撞向旁边的殿柱,等到卫士拉住他时,已是满头满脸流血了。

光武帝并不糊涂。他一来是想杀杀董宣的威风,二来是想给姐姐一个台阶下,没想到老头荤素不吃。他让御医给董宣包扎好伤口说:"念你为国家着想,朕就不治你罪了。给公主磕个头,赔个不是总是要的!"董宣理直气壮地说:"我又没错,赔什么礼?磕什么头?"光武帝只好向两个太监使眼色,示意他们把董宣推到公主跟前磕头谢罪。董宣硬着脖子,就是不磕头,太监无奈。

湖阳公主看出了刘秀的把戏,冷笑着说:"你当年在家种地的时候,不也常常窝藏逃犯,不把官府放在眼里嘛。现在当了皇帝,反而连个小小的洛阳令都收拾不住了呢?"光武帝回答说:"那时天下是别人的,跟我无关。现在天下是我的,我就应该律己从严,严格执法,取信于天下。你说对不对?"

光武帝打内心里喜欢董宣,但表面还要装得很严厉,说:"你这个强项令,脖子可真够硬的。来人,把他轰出去!"为了表示对董宣的嘉勉,刘秀派人专门给他送去了三十万赏钱。从此,"强项令""卧虎令"的名号传遍了全城,洛阳的豪强、皇亲、纨绔弟子,没有一个不怕他的。

◎ 与诚实相伴

柳公权（778年—865年），京兆华原（今陕西铜川市耀州区）人，唐代著名书法家。他的书法以楷书著称，与颜真卿齐名，人称"颜柳"，又与欧阳询、颜真卿、赵孟頫并称"楷书四大家"。他初学王羲之，之后遍观唐代名家，认为颜真卿、欧阳询的字最好，便吸取了"颜欧"之长。在晋人劲媚和颜书雍容雄浑之间，自创"柳体"，以"颜筋柳骨"的美誉，征服了那个时代。当时，无论朝廷官员，还是巨商大贾，凡父母去世，如不能得到柳公权为其书写碑文，便认为不孝，赢得了"一字百金，非虚语也"的说法。

柳公权小的时候，一天，和几个小伙伴在村旁的大树下摆开书桌，准备搞一次笔会，相互观摩交流，他很快写就了一幅。看见自己的字龙飞凤舞，他很是得意，同伴也为他叫好。

这时，一个卖豆腐的老汉放下担子，来到树下歇凉。他饶有兴致地观看孩子们写字，不时还评价几句，大多是批评。柳公权以为他会表扬自己，就指着自己的作品问："老爷爷，你看我写得如何？"

老汉看了一会，觉得光从孩子的角度看，字写得确实算不错了，但要从书法本身的要求看，还差得很远。如果把真实的感受告诉他，会不会伤害孩子的自尊心呢？老汉想了想，决定还是实话实说，这样可以让他趁早看到自己的不足。于是，他皱了皱眉头说："我看这字写得不咋的，就像是我担子里的豆腐一样，软塌塌的没筋没骨，花里胡哨，有形无体，不值得在人前夸耀。"

小伙伴们听傻眼了。柳公权更是不服气地说："大家都说我的字写得好，你偏说不好，你写几个让我看看。"

老汉爽朗地笑了笑说:"我是一个粗人,写不了字。可人家有用脚都比你写得好的!不信,你到京城去看看。"

眼见为实耳听为虚。柳公权还真就去了京城,他要证实老汉是不是在说谎。经过几天长途跋涉,他来到京城。一进城门,就看见一个没有双臂,赤着双脚的老汉,左脚压住纸,右脚夹一支笔,挥洒自如,博得了围观者的阵阵喝彩。

柳公权这才知道卖豆腐的老人没有说谎,他非常惭愧。通过这件事,他不但收获了"写尽八缸水,砚染涝池黑;博取百家长,始得龙凤飞"的写字秘诀,更收获了做人做事都要真诚相待的道理。

公元838年(开成三年),柳公权调任工部侍郎。文宗皇帝召见他,问:"外边对朝廷有什么议论没有?"柳公权回答说:"自从郭旼被任命为邠宁节度使,官员们议论纷纷,说好说坏的都有。"文宗问:"郭旼虽是尚父(郭子仪)的侄子,有一定的家庭背景,但他奉公守法,尽职尽责,工作业绩也很突出,升任个小小的邠宁节度使,还议论什么呢?"柳公权说:"郭旼的功绩和品德大家都是清楚的,做个节度使也是胜任的。官员们议论的原因主要是,说他把两个漂亮的女儿献入宫中,才得以升官的。"文宗说:"纯粹胡说八道,罔顾事实。两个姑娘进宫,是来走亲戚看望太后的(跟太后是堂姐妹),这哪跟哪呀。"柳公权说:"常言说,瓜田不拾履,李下不整冠,这个时候避避嫌总是好的。"文宗皇帝对柳公权的坦诚相待非常感激,当即派内使把两位姑娘送回了郭旼家,平息了一场危及朝廷信誉和形象的舆论风波。

◎宋弘不弃糠糟之妻

宋弘是陕西省长安县人，东汉时期的重臣。他不单品行端正，才华卓越，而且人也长得风流倜傥，很受妇女们追捧。赤眉军攻入长安后，更始皇帝刘玄被杀，在朝中任职的宋弘受到胁迫，装死躲过一劫。

刘秀率军击溃赤眉军后，复兴汉室，坐上了皇帝的宝座。按理，对于前朝官员，应当避而远之，可刘秀早就听说宋弘的为人和才能了，相信他肯定能尽忠事国，呕心沥血，于是任命他为太中大夫，之后又改封他为宣平侯。

宋弘有点像今天的组织部长，负责发现人才，推荐人才。他前后向光武皇帝推荐了三十几位能人，都是些治国安邦的才俊，为东汉中兴作出了重要贡献。当然也有个别发生问题的，他不包庇不护短，要么规劝，要么立即拿下，毫不客气，以免将来危害国家。比如桓谭。宋弘发现他才学广博，几乎可以跟扬雄与刘向、刘歆父子媲美，于是向光武帝推荐。光武帝任命他为议郎、给事中。光武帝听说桓谭会弹琴，每次宴会都要请他奏上几曲。在美妙的音乐中，光武帝十分享受，经常随着音乐的节奏闭目晃脑，仿佛漫步田间荒垄或月下林溪。宋弘知道后，非常生气。有一天，他派人把桓谭叫到办公室，也没请他坐下，就责备说："我向皇上推荐你，是希望你以德才辅佐君主，你现在倒好，多次给皇上演奏郑卫淫声，讨他喜欢。这不是一个忠诚正直的官员应该做的事情。你看是自己纠错，还是要我依法弹劾？"桓谭承认了自己的错误。过了没多久，光武帝大宴群臣，又叫桓谭弹琴。就在他犹豫不决之际，宋弘站起来，摘下官帽，向皇上认错说："臣下推荐桓谭，是希望他能以忠正之节引导君王，没想到他叫朝廷沉湎于郑卫淫乐，这是臣的罪过。"

光武帝是一个胸襟博大的人，他立即向宋弘道歉，承认自己也有过错，并当即免去了桓谭给事中的职务。

宋弘的妻子没有生育能力。在古代有"不孝有三，无后为大"的说法，亲戚朋友们都劝宋弘说："你已经人到中年了，还没有后嗣，将来如何向祖宗交代？趁早娶个二房，还可以延续香火。"宋弘却说："我妻子自从嫁给我，就跟着我吃苦受累。没有她承担家务，我也不可能安心读书。一个男人不应该喜新厌旧，否则，为君者必殆于政事，为臣者将难于守职。如果注定我此生没有子嗣，那也是我自己的错！"

当时，光武帝刘秀的姐姐刚死了丈夫，他想在文武百官中给她物色一个，就试探着问："这些文臣武将，有没有你瞧得上的？"姐姐毫不避讳地说："宋弘可以。"光武帝也有此意，两人不谋而合。

光武帝想撮合这桩婚事，就把宋弘招进宫来，让姐姐躲在屏风后面听听宋弘的意思。宋弘叩头谢过皇上后问："不知陛下招臣有何旨意？"光武帝说："听说你至今没有子嗣，问题全在你老婆不能生育，将来谁来继承你的爵位？人都说'发财换朋友，升官换老婆'，何不趁现在正值壮年，换一个妻子呢？"宋弘不假思索地说："我觉得，作为一个坦荡诚信的正派人，在对待个人问题的时候，应该做到'贫贱之交不可忘，糟糠之妻不下堂'。如果一朝发达，有了地位有了钱财，就把同过甘苦、共过患难的人抛弃，那么，一旦遇到危险，他就可以抛弃君主，抛弃国家。这是势利小人的行为，这种人不但要遭到唾弃，还应该受到处罚。"

光武帝觉得他说得在理，不好再提姐姐的婚事了。宋弘走后，他对姐姐吐吐舌头说："都听见了吧？搞不成了！"

光武帝姐姐很失落，但对宋弘却越加敬重。

◎ 刘若宰诚实获状元

刘若宰是崇祯元年（公元1628年）的状元，擅长书画，楷、行、草书尤为突出。但因他的籍贯和长相，多次名落孙山，险些将一个旷世之才淹没在了茫茫人海之中。

刘若宰出生于安徽省安庆市一个书香门第之家，按理跟明朱王朝是老乡，然而，他的祖籍却是著名的水泊梁山&山东省梁山县，一个聚集土匪强盗和义军的地方。历朝的皇帝大多是靠起义暴动登上皇位的，可他们一旦坐上皇位之后，对起义暴动之类的词眼就特别敏感，因而，对梁山这个地方也就怀有深深的恶意。

明朝天启五年（公元1625年），已到而立之年的刘若宰再次走进科举考场，由于准备充分，没费多大力气，就顺利地写完了所有题目。笔试成绩还算不错，被通知参加由皇帝主持的面试。在主考官员的陪同下，刘若宰来到颐生殿，行过君臣大礼，做完自我介绍之后，时任熹宗皇帝开始提问。刘若宰天资聪颖，成竹在胸，文思喷涌，有问必答，完美得体，皇上龙心大悦。可是，形势急转直下，当熹宗问起刘若宰祖籍何处时，他犯难了。因为他听说皇帝最忌讳水泊梁山几个字，要是实话实说，皇上肯定不高兴，他一不高兴，这进士就没戏了。可要不说，岂不是欺骗当今圣上吗？他犹豫了一会，决定宁愿不中，也不能说谎。于是，他抬头挺胸说："回陛下，小民祖籍水泊梁山。"

熹宗皇帝脸上的笑容立即消失了，板着脸问："你从小就住在水泊梁山吗？"刘若宰老老实实地回答："小民的曾祖父和祖父住在梁山，父亲就搬到安徽去了。我是在安徽安庆出生长大的。"

熹宗皇帝没再说什么，挥手让他退下了。

几天后，录取通知贴出来了，刘若宰再次落榜。不说

状元,连普通进士都不是。这个"祖籍"把他害苦了。刘若宰感到很委屈,但又无处申诉。皇帝决定的事情,九头牛也是拉不回来的。回到旅店,他在床上躺了一天一夜,决定再搏一次,三年后再见。

公元1628年,熹宗皇帝死了,崇祯皇帝即位。刘若宰又参加这年的科举考试,进入一甲前三名。又到皇帝亲自面试的环节,崇祯出了一幅对联。他刚把上联"黑炭红火灰似雪"说完,刘若宰脱口就对道:"黄稻白米粉如霜"。如此敏捷的才思和工整的对仗,令崇祯皇帝惊叹不已。

可皇帝还是不想点刘若宰为状元,这回是因为他的长相。他五短身材,头生癞痢,背驼脚跛,眼睛还有点斜。崇祯想,我堂堂大明帝国,难道就找不到一位又有学问,又有人才的状元吗?这家伙长得实在寒碜,能把鬼都吓得死,也太不长脸了。他小声嘀咕说道:"刘若宰文采虽好,仿佛也有治国的见地,但不能点状元。"刘若宰猜到了皇上的心思,于是大胆上前说:"启禀万岁,自古明君选贤任能,只有以才选官,没有以貌取人的。"崇祯皇帝不悦说:"你头生癞痢。"刘若宰答道:"我头顶光明。"崇祯又说:"你是驼子。"刘若宰答道:"驼子驮天子。"崇祯说:"你是跛子。"刘若宰答道:"独脚跳龙门。"刘若宰的胆识和才思都令崇祯皇帝颇为赏识,但对点状元之事还是顾虑重重。他说:"让朕再考虑考虑吧。"

崇祯回宫以后,辗转反侧,举棋不定,把前三名的名字抄下来,捏成纸团,放入罐内,用筷子去夹了三次,都是刘若宰。看来是天意了。当然这只是传说,真正打动崇祯皇帝,让他下定决心的,还是刘若宰的才能,胆识和诚实不欺君的品质。刘若宰最终成了这届科举的状元。

◎ 谢安拒绝人云亦云

谢安是东晋时期的政治家、军事家，不单智识超群，而且从来不说假话。有一天，他在街上散步，看见一群人聚集在一片绿荫下，非常热闹。他觉得好奇，也凑上去想看个究竟。只见一些人正在摇头晃脑，眉飞色舞，嘴里念念有词。他侧耳聆听，半天也没听清他们在说什么。他问身边一个人："你们在读什么？"

那人一副惊愕的神情反问道："难道你没听出来是庾仲初的《扬都赋》吗？多么美妙的作品！"

谢安还真没听过，他凑得更近了一些，希望听得更加真切。原来，东晋时期有一种风尚，大家都喜欢舞文弄墨，而且把此作为一种身价和地位的象征。有一个叫庾仲初的文学爱好者模仿前人的作品，写了篇《扬都赋》，送给庾亮评阅。庾亮跟庾仲初同族同宗，碍于面子，也为了鼓励他，就说了些表扬的话，说文章写得不错，可以同张衡的《两京赋》和左思的《三都赋》相提并论。庾亮是当时的政治家、文学家，晋明帝之妻庾后之兄。在晋明帝去世后，长期辅佐晋成帝，是朝廷的实际决策者和控制人，德高望重，说不上一言九鼎，也有七八鼎吧。他这一说不要紧，庾仲初就把鸡毛当了令箭，四处宣传。于是《扬都赋》身价百倍，人人竞相传抄。即便有行家里手看出毛病的，也懒得去揭穿。一时间，洛阳街上，到处都能听见吟诵《扬都赋》。

谢安连续听了几遍，没有发现它好在哪里，转身准备离开。旁边一人拦住他问："你听清楚了吗？"

谢安点点头。那人问："那你怎么一点反应都没有呢？这可是庾亮大人都说好的文章啊。"

谢安不想说违心话，平静地说："庾公评价过高了。实实在在地讲，这篇文写得不咋的，彻头彻尾是一篇生搬硬套，模仿抄袭之作。仿佛就是床上安床，屋下架屋，没有新意，没有独创，看不到作者一点才气。"

这话得罪了在场的人，他们都嘲笑谢安不懂文法。谢安微微一笑，转身而去。

延伸阅读

人云亦云

【解释】云：说；亦：也。人家怎么说，自己也跟着怎么说。指没有主见，只会随声附和。

【出处】金·蔡松年《槽声同彦高赋》诗："槽床过竹春泉句，他日人云吾亦云。"

◎ 郭进守信

郭进是北宋初年著名的将领。宋太祖时，郭进为洺州防御使、西山巡检。北宋两次征讨河东，郭进都是行营前军马军都指挥使，河东道、忻代等州的行营马步军都监，指挥有方，作战勇敢，所到之处，深受百姓拥戴，为大宋政权的巩固作出了卓越功勋，很受宋太祖的赏识和器重。

郭进在任职西山巡检时，有人暗地里向宋太祖报告，说他跟河东匪军头子刘继元有深厚的交往，正在密谋造反。宋太祖听后极为震怒，认为他无事生非，心怀叵测，诬害忠良，下令将他捆绑起来交给郭进处置。郭进知道这人有些本事，不但没有杀他，还让他将功赎罪，说："如果你能帮我攻占河东刘继元的一城一寨，我不但赦免你的死罪，还要赏你一个官职。"这人非常感激郭进的不杀之恩。年末，他用计谋把刘继元的一个城池诱降了。郭进立即将战报上奏宋太祖，列举了这人的功劳，请求给他加封官职。宋太祖说："死罪可免，给他官做却不可能。他虽有才却无德，挑拨我们君臣关系，险些让忠良之臣遭难。"郭进知道后，再次上奏太祖："臣跟他有约定，如果失信了，以后谁还会听臣的派遣调用啊？"宋太祖觉得他说得有道理，给那人赏了一个官职。

◎ 刘伯温退隐乡野

刘基（1311年—1375年），字伯温，青田县南田乡（今浙江省文成县）人，故又称刘青田，元末明初的军事家、政治家、文学家，明朝开国元勋。刘伯温通经史、晓天文、精兵法。他辅佐朱元璋完成帝业，开创明朝并尽力保持国家的安定，因而驰名天下，被后人比作诸葛武侯。朱元璋多次称刘伯温为："吾之子房（汉朝刘邦谋臣张良）也。"在文学史上，刘伯温与宋濂、高启并称"明初诗文三大家"。中国民间广泛流传着"三分天下诸葛亮，一统江山刘伯温；前朝军师诸葛亮，后朝军师刘伯温"的说法。他以神机妙算、运筹帷幄著称于世。

刘伯温本来是元朝的官员，因为对政治腐败严重不满，不愿与一帮贪官污吏为伍，辞职回到家乡青田县过起了耕读生活。朱元璋对他早有所闻，尤其是对他的才能十分佩服，率军在浙东打仗时，便去拜访，把他请出来做谋士。由于他有远大的政治理想，智慧超群，很快得到了明太祖的信任。无论是指挥打仗，还是后来的国家治理，朱元璋事无巨细都要征求他的意见。

但是伴君如伴虎，加上朱元璋一向多疑的性格，刘伯温一直谨小慎微，如履薄冰。尽管如此，一点也没有妨碍他对朝廷和朱元璋本人的忠诚，也没有妨碍他要为实现自己的政治理想而努力。

朱元璋称帝以后，任命刘伯温为御史中丞，负责司法工作。在他的主持下，先后制定了《军卫法》《大明律》等法律，开创了依法治国的局面。有一次，朱元璋的同乡、开国元勋、当朝丞相李善长的一个亲信触犯了法律。许多官员都在观望，看刘伯温怎么处理。他深知事件很棘手，会得罪丞相，弄不好还会得罪皇帝，最终引火烧身。但刘伯温仍然不顾李善长的阻挠，奏明皇上，把那个亲信依法办了。

朱元璋曾经试探想让刘伯温出任丞相，他推托说："选丞相好比选房梁。要挑大而结实的木材，如果用小而易折的木头，房屋就有倒坍的危险。"足见他的谦逊。李善长被撤职查办后，又想请他出来当丞相。刘伯温说："我性子急，容不得坏人，不善于周旋；再说年纪也大了，担当不了这样的重任。天下有的是人才，希望陛下好好物色。"足见他的自知之明。随着时间的推移，朱元璋的疑心越来越重，许多跟他一起出生入死，南征北战的建国功臣都被他以各种借口杀害，并满门抄斩。鉴于朱元璋的独裁和残暴，刘伯温感觉自己跟他之间的信任危机也日益显现。既然信任已不复存在，危险也将随时降临。刘伯温思来想去，最好的办法就是称病辞官。尽管朱元璋答应了他的请辞，但并没有立即放他回原籍，而是在京城监视居住，直到发现他确实没有谋权夺位的想法，又确实重病缠身了，才送他回到青田。

朱元璋的疑心和暴虐让刘伯温非常失望。聪明的他更加小心翼翼，从来不跟人谈起过去的功劳，生怕隔墙有耳。青田县令对他仰慕已久，一再求见，都被婉言拒绝。有一次，县令换上便服，乔装成乡下人去拜访刘伯温。他正在洗脚，见来了陌生人，连忙穿了鞋子，把来人请进屋，热情地端茶留饭。当他请教来人姓名，得知是青田县令后，大吃一惊，慌张起来，赶紧作揖送客，称是治下的普通百姓，无事不敢打搅大人。

洪武八年（1375年）农历四月十六，刘伯温在家乡去世，年65岁。

◎ 俞绘还钱

俞绘是明朝年间浙江省上虞人。他从小家境贫寒，为人忠厚老实，学习非常刻苦。经过十年寒窗，俞绘在考试中一路过关斩将，先中了秀才，接着又中了举人，获得了进京城参加会试的资格。跟今天的许多寒门学子一样，俞绘喜忧参半，能参加会试，就有了中进士的希望，中了进士，就意味着可以补官，意味着苦尽甘来，今后的人生就会充满阳光，读书人不都等待着这一天么？可上虞离北京挺远的，晓行夜宿，一路盘缠要花费不少。父母没有积蓄，亲戚朋友中也没有有钱人，连举债都找不到地方。乡亲们知道后，纷纷解囊相助，到出发的日子，勉强凑够了赶考的路资。

第二天，俞绘告别前来送行的众乡亲上路了。途中，他省吃俭用，能不吃就不吃，能不喝就不喝，能在山庙里凑合就不住店。一天，他走到沛县时，天黑了，实在找不到歇脚的地方，只好住进了一家便宜的客栈。客栈条件不好，但比起路边的破庙实在跟天堂一样，疲乏至极的俞绘睡得特别香，及至窃贼夜里潜入他的房间，将他的盘缠一掠而空都不知道。早晨醒来，俞绘才发现被盗了。他如五雷轰顶，不禁号啕大哭。店老板闻讯赶来，深表同情却无能为力。但当他得知俞绘是从上虞来的后，想起沛县县令老冯也是上虞人，就建议去找他求助，说不定看在老乡的份上，能借给他一些盘缠。走投无路的俞绘只好抱着侥幸的心理去试试。

冯县令听差役报告有一个举子老乡求见后，吩咐把俞绘带进去。俞绘见了县令，没来得及施礼，泪先涌了出来。冯县令问明事情经过，感觉俞绘不像在说谎，便取出十两银子，说："这点银子算我赠与你的，赶紧上路吧，别耽

误了考期。"俞绘感激涕零说:"多谢大人对晚生的信任,自当终生铭记!还是写一张借据吧,以便日后如数奉还。"冯县令笑道:"不必了,既是同乡,又何必见外。路途还很远,要小心些才是。"说罢,将俞绘送出大门。俞绘再三拜别,含泪作别。

俞绘没有考中进士,但也得了个补缺,被任命为安微省歙县训导(相当于县教育局长)。歙县地处皖南山区,离沛县千里之遥。俞绘到任后,兢兢业业,一心扑在工作上,狠抓全县教育质量和人才培养,一直抽不开身。但他始终没有忘记归还冯县令十两银子的事,常常在梦里梦见冯县令接待他的情景,计划着尽快安排时间登门致谢,奉还银子。

这一等就是三年。三年里,俞绘跟冯县令一样,经常从自己微薄的收入里拿些钱出来,资助贫困学生,帮助那些因家庭变故陷入困境的孩子,受到当地人的尊敬。返乡探亲的时间到了。俞绘绕道沛县,直奔县衙去拜访冯县令。谁知,冯县令已经病故,俞绘如晴天霹雳,放声大哭,悔恨自己来晚了。他四处打听,终于找到冯县令的儿子冯珏。他说明来意,冯珏却说:"家父在世时并没有提及这件事,也找不到任何凭证,这银子我不能收。"俞绘说:"我当时要写借据,但令尊出于对我的信任,不让写。如果因此就不还钱,既负令尊大人的信任,也负自己的良心。"冯珏道:"听你这么说,我就明白了。家父在世时,一向助人为乐,扶危济困。他当时是诚心实意要帮助你,根本没想过讨还,所以不肯让你写借据。既然如此,我更不能违背他的意愿。"俞绘诚恳地说:"冯公子,你带我去令尊墓地祭奠一下总可以吧?"冯珏答应了。

俞绘趁祭奠之际,将银子恭敬地放在冯县令墓前。

◎ 不拐弯的高允

北魏的统治者是鲜卑族拓跋部人，早期是散落在我国东北的一个游牧部落，由于善于吸收中原文化，发展进步很快。特别是问鼎中原后，大量使用汉族干部，对推动社会的稳定发展起到了重要作用。崔浩就是其中之一，为北魏统一北方立下了很大功劳，深得北魏三朝帝王信任。

魏太武帝继位后，派崔浩领头，组织一个班子编写魏国史，并叮嘱他们一定要据实记录。班子成员中有个人叫高允，是当时太子的老师。国史编成后，有人出点子，何不把它刻在石碑上，让百官看了，可以进一步提高崔浩的声望。崔浩自以为功高盖世，脑袋一发热，也不请示皇上，就擅自决定了。没想到，这个决定第一违背了皇帝只是想在皇室内部传阅的初衷；第二暴露了拓跋部落的隐私，北魏在统一北方前还十分落后，干的许多事情用如今的标准衡量，是很不体面，甚至丢人的。一些鲜卑贵族看了很不高兴，纷纷向魏太武帝告发，说崔浩带的这些人是成心揭短露丑，侮辱少数民族兄弟。魏太武帝大为光火，下令把这伙人抓起来杀了。太子跟老师高允关系不错，得到消息后很着急，把他找到东宫（太子居住的地方），如是这般交代了一番。

第二天他跟随太子一起上朝。太子对太武帝说："高允一向谨慎，官职也低，说话算不了数。国史案都是崔浩的事。"太武帝召高允上殿，问他说："国史都是谁写的？"高允不顾太子的交代，如实说："是我和别的著作郎写的，崔浩只负责提纲。"太武帝对太子说："你听见了，高允的罪比崔浩还严重。"太子又对魏太武帝说："他见了陛下，心里害怕，就胡言乱语。我刚还问过他，主要的地方都是崔浩把关。"太武帝又问高允："是这样的吗？"高允说：

"实在不敢欺骗陛下。太子所说，不是真的，他不过是想救我的性命。"魏太武帝被高允的忠厚直率感动，对太子说："高允死到临头还不说假话，真是难能可贵。我赦免他就是了。"魏太武帝要高允起草一道圣旨，把崔浩满门抄斩。高允犹豫再三，一字也没写出来，最终鼓起勇气，再次进宫对太武帝说："我不知道崔浩还犯了什么罪需要受到这么严厉的惩罚？"魏太武帝这回真动怒了，命令武士把他捆绑起来，一并处斩。太子再三恳求，太武帝才又答应把他放了。事后，太子埋怨高允不会拐弯，顺水推舟。高允说："崔浩有错。但编写国史，据实记载帝王活动，朝政得失，错在哪里？再说，国史是我们集体编写的，大家都有责任，怎能全推给他呢。殿下一心救我，我是感激不尽，但也不能为了活命违背良心说话啊。"